Meilutė Ramonienė, Loreta Vilkienė

Po truputį

Pratybų sąsiuvinis

Lietuvių kalba pradedantiesiems

Lithuanian for beginners

Le lituanien pour les débutants

Litauisch für Anfänger

Литовский язык для начинающих

Podręcznik do nauki języka litewskiego dla początkujących

Iliustravo Raminta Šumskytė

baltos lankos

UDK 808.82(076)
      Ra-176

Pirmoji knygos laida išleista Lietuvių kalbos fondo užsakymu. Rengimą ir išleidimą parėmė
Lietuvių fondas Amerikoje, Lietuvos valstybinis mokslo ir studijų fondas,
Vilniaus universiteto Lituanistinių studijų katedra, Vilniaus pedagoginio universiteto
Lituanistikos fakultetas, Lietuvos pedagogų profesinės raidos centro Valstybinės kalbos
mokymo skyrius, Visagino kultūros ir kalbų mokymo centras.

Lietuvos Respublikos švietimo ir mokslo ministerijos rekomenduota
2008-03-26 Nr. 45

Vadovėlis atitinka kalbos taisyklingumo reikalavimus

Recenzavo doc. Bronius Dobrovolskis, Virginija Stumbrienė
Redagavo Edita Banionytė, Eglė Bielskytė
Apipavidalino Vida Kuraitė
Viršelio dailininkė Eglė Jurkūnaitė

Pakartotinė pataisyta laida

PRATARMĖ

Lietuvių kalbos vadovėlis kitakalbiams *Po truputį* parašytas dviejų Vìlniaus universiteto Lituanistinių studijų katedros dėstytojų, daugelį metų dėstančių lietuvių kalbą kaip svetimą Lietuvõs kitakalbiams ir užsieniečiams. Mūsų darbo patirtis parodė, kad moderni komunikacinė svetimų kalbų dėstymo metodika, kuria remiamasi šiame vadovėlyje, yra patraukli ir greitai teikianti gerų rezultatų. Vadovėlio *Po truputį* trys knygos (mokinio knyga, pratybų sąsiuvinis ir mokytojo knyga) ir kompaktinės plokštelės mokys ne tiek pažinti lietuvių kalbą, kiek ją vartoti – kalbėti, rašyti, skaityti ir suprasti tekstus iš klausos. Vadovėlyje mokoma lietuvių kalbos gramatikos, žodyno, tarties, svarbiausių komunikacinių intencijų raiškos būdų, pateikiama daug lentelių, tekstų, įvairiausių pratimų ir pan. *Po truputį* skiriamas darbui su mokytoju tiems, kurie pradeda mokytis lietuvių kalbos, taip pat tiems, kurie jau šiek tiek moka, yra susipažinę su lietuvių kalbos gramatine sistema, bet dar nelabai gali lietuviškai bendrauti. Pastariesiems mūsų vadovėlis padės prisiminti, pakartoti, apibendrinti išmoktus dalykus, pritaikyti juos aktyviai kalbos vartosenai. Vadovėlis parašytas tik lietuviškai, todėl jis turėtų gerai tikti visiems, nesvarbu, kokia yra mokinio gimtoji kalba.

Po truputį skiriamas suaugusiesiems ir vyresniųjų klasių mokiniams. Atsižvelgiant į jiems aktualias bendravimo situacijas, įdomesnes temas, mokinių psichologiją, parengti vadovėlio tekstai, užduotys, pratimai. Tikimės, kad visiems patiks linksmi žaidimai, pokalbiai, kryžiažodžiai, daugybė iliustracijų, kad tai padės linksmai ir nenuobodžiai mokytis suprasti, kalbėti, skaityti ir rašyti lietuviškai.

Vadovėlio *Po truputį* medžiaga pačių autorių ir daugelio Lituanistinių studijų katedros dėstytojų buvo ne kartą naudojama įvairiuose lietuvių kalbos kursuose kitakalbiams, aptarinėjama ir taisoma pagal kolegų pastabas ir pasiūlymus. Visiems nuoširdžiausiai ačiū už pagalbą.

Mokiniams, mokytojams, kurie naudosis mūsų vadovėliu, būtume dėkingos už pastabas ir patarimus, kuriuos prašytume siųsti adresu:

Lituanistinių studijų katedra,
Filologijos fakultetas, Vilniaus universitetas,
Universiteto g. 5, LT-01513 Vilnius

Vadovėlio autorės

TURINYS

PIRMOJI PAMOKA

1 pratimas. Įrašykite reikalingus žodžius.

Mano . . . . Algis, ... Varnas. Aš . . . .

Vilniuje, ... Aš esu iš . . . .

Aš kalbu . . . . , ...

2 pratimas. Užpildykite anketą:

3 pratimas. Parašykite klausimus paryškintiems žodžiams.

Pavyzdys:
Tadas yra lietuvis. Kas yra Tadas?

1. Mykolas gyvena *Kaune*. – . . . .

2. Džonas yra *iš Anglijos*. – . . . .

3. *Julija* yra iš Norvegijos. – . . . .

4. Žiulis dirba *Paryžiuje*. – . . . .

5. Polas kalba *angliškai, prancūziškai, vokiškai*. – . . . .

6. *Margarita* kalba lietuviškai. – . . . .

7. Igoris yra *rusas*. – . . . .

4 pratimas. Lentelėje pažymėkite (+), kurie žodžiai sudaro klausimus. Atsakykite į klausimus.

Kas	Kaip	Kur	Iš kur	
	+	+		Vilius gyvena?
				Mykolas kalba?
				yra lietuvis?
				Klausas dirba?
				yra Polis?
				Tina yra?
				gyvena Jurgis?

5 pratimas. Parašykite visus galimus klausimus.

Pavyzdys:

Mes gyvename gerai. <u>*Kaip jūs gyvenate?*</u> <u>*Kas gyvena gerai?*</u>

1. Ji dirba Maskvoje. ....

2. Jonas gyvena Londone. ....

3. Taip, jis dirba čia. ....

4. Aš esu iš Kinijos. ....

5. Mes dirbame Lietuvoje. ....

6. Taip, aš dirbu universitete. ....

7. Taip, jie yra iš Japonijos. ....

8. Ji gyvena gerai. ....

6 pratimas. Parašykite reikalingas žodžių formas.

Pavyzdys:

Lietuva   <u>*iš Lietuvos*</u>   <u>*Lietuvoje*</u>

Vilnius	....	....	Pasvalỹs	....	....
Kaunas	....	....	Helsinkis	....	....
Lenkija	....	....	Vokietija	....	....
Paryžius	....	....	Amerika	....	....

7 pratimas. *Darbas poromis.* Mišelis rodo Mantui savo draugų albumą. Padėkite.

Pavyzdys:
Žakas yra iš Prancūzijos. Jis yra prancūzas, kalba prancūziškai.

Džonas . . . . Jis . . . . anglas, ...
. . . .

Helga . . . . ,
. . . . vokiškai.

Aranka yra . . . . Vengrijos. . . . . , ...
. . . .

Sturla yra iš . . . . norvegas, ...
. . . .

Krista . . . . Amerikos. . . . . , ...
. . . .

8 pratimas. Parašykite reikalingus žodžius.

Anglija	_anglas_	_anglė_	_angliškai_
Prancūzija			
			lenkiškai
	turkas		
		ispanė	
Italija			
	japonas		
			vokiškai
		portugalė	
Olandija			

9 pratimas. Parašykite, iš kokios valstybės šios moterys, kaip jos kalba.

Pavyzdys:
Goda (Lietuva) – Goda yra lietuvė. Ji yra iš Lietuvos. Goda kalba lietuviškai.

. . . .
. . . .
. . . .

. . . .
. . . .
. . . .

. . . .
. . . .
. . . .

. . . .
. . . .
. . . .

. . . .
. . . .
. . . .

. . . .
. . . .
. . . .

10 pratimas. Pažiūrėkite į paveiksliukus ir įrašykite reikalingą žodį: šis/ši arba tas/ta ir tautybę.

Pavyzdys.
Šis vyras yra iš Prancūzijos, jis prancūzas, o tas – iš Japonijos, jis japonas.

1. . . . . moteris yra iš Londono, ji yra . . . .

2. . . . . berniukas yra iš Vilniaus, jis . . . ., o . . . . – iš Varšuvos, jis yra . . . .

3. . . . . vyras yra iš Oslo, jis yra . . . .

4. . . . . mergaitė yra iš Prancūzijos ji . . . ., o . . . . . . – iš Japonijos, ji . . . .

11 pratimas. Pasitikrinkite, ar gerai mokate lietuvišką abėcėlę, ištaisykite klaidas.

A B C D E Ė F Č K H I G J L S M N O R P Š T V U Z Ž

12 pratimas. Sudėkite domino.

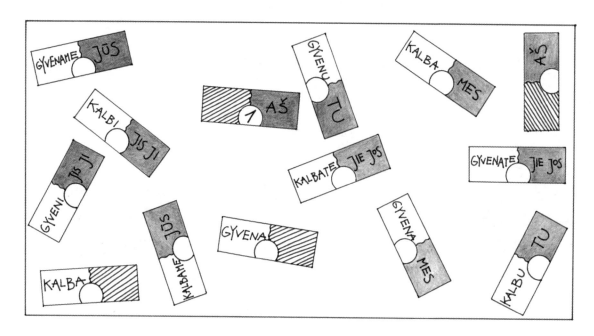

13 pratimas. Pakeiskite sakinius pagal pavyzdį.

Pavyzdys:
Jis yra prancūzas. Jis nėra prancūzas.

1. Inga gyvena Prancūzijoje. ....

2. Aš esu lietuvis. ....

3. Jis dirba universitete. ....

4. Mes esame Prancūzijoje. ....

5. Vita kalba prancūziškai. ....

6. Jie dirba Suomijoje. ....

7. Aš dabar gyvenu Amerikoje. ....

8. Mes kalbame vokiškai. ....

9. Jūs esate iš Varšuvos? ....

14 pratimas. Klausydami dialogo, įrašykite praleistus žodžius.

I. A: Laba .... Jūs .... Norkūnas?

B: Taip, aš atvažiavau iš ....

A: .... Jūs gyvenate viešbutyje?

B: Taip, „Vilniaus" viešbutyje. O . . . . Jūsų . . . .?

A: . . . . Birutė Riškutė.

B: Kur jūs . . . .?

A: Aš – mokytoja, dabar dirbu . . . .

II. A: Labas . . . . .Čia mokykla?

B: Taip. . . . . Ko jūs norėjote?

A: Ar . . . . ponas direktorius?

B: Taip, prašom, ... tuojau pakviesiu.

C: Alio, klausau.

A: Labas rytas. Čia . . . . Jonas Miknius.

C: Jonas? O, ..., Jonai. Ar . . . . dabar . . . .?

A: Taip, aš čia, ...

15 pratimas. Išspręskite kryžiažodį.

1. Jis . . . . iš Prancūzijos.

2. Aš . . . . iš Vengrijos.

3. Ji kalba norvegiškai. Ji yra . . . .

4. Jie . . . . čia.

5. Tu esi iš Vokietijos. Tu kalbi . . . .

6. Estijos . . . . yra Talinas.

7. Prancūzas kalba . . . .

8. . . . . sostinė yra Atėnai.

9. Suomis . . . . suomiškai.

10. Ar jūs . . . . lietuviškai?

16 pratimas. Paklausykite, kurį garsą girdite: e, ė ar ie. Įrašykite, ką girdite.

g . . . ras	t . . . vas	m . . . stas	b . . . ga	m . . . las
m . . . gsta	n . . . ša	sn . . . gas	sv . . . stas	m . . . ga
gyv . . . na	s . . . di	g . . . ria	s . . . nas	v . . . nas

17 pratimas. Paklausykite ir pažymėkite (+) teisingą atsakymą.

A.

1. Taip. ☐

2. Labas. ☐

3. Labai malonu. ☐

D.

1. Ne, angliškai nekalba. ☐

2. Ne, bet gyvena Prancūzijoje. ☐

3. Prancūziškai ir angliškai. ☐

B.

1. Ne, tik vokiškai. ☐

2. Iš Anglijos. ☐

3. Gyvena Anglijoje. ☐

E.

1. Sveikas. ☐

2. Taip. ☐

3. Jonaitis. ☐

C.

1. Taip, Vengrijoje. ☐

2. Ji kalba vengriškai. ☐

3. Iš Vengrijos. ☐

18 pratimas. Atidžiai paklausykite pavyzdžių ir pasakykite sakinius.

1. Kur gyvena?

Pavyzdys:
Jonas, Amerika. – Jonas gyvena Amerikoje.
                    Jis gyvena Amerikoje.

3. Kur kas dirba?

Pavyzdys:
Sūnus, parduotuvė. – Sūnus dirba parduotuvėje.

2. Iš kur yra?

Pavyzdys:
Vytas, Kaunas. – Vytas yra iš Kauno.

4. Ne.

Pavyzdys:
Ar jis čia gyvena? – Ne, jis čia negyvena.

19 pratimas. Pasakykite greitai.

Labą dieną, mano mielas geras dėde.

ANTROJI PAMOKA

1 pratimas. Filipas Beranžė oficialiai susipažįsta su kitų
šalių ambasadų darbuotojais.
Iš kur yra tie žmonės?

2 pratimas. Raskite poras.

1. Kur jis dirba?	A. Ačiū, gerai.
2. Ar tu esi studentė?	B. Ne, Palangojė.
3. Kaip sekasi?	C. Taip, studijuoju Vilniuje.
4. Kur jūs gyvenate?	D. Taip, šiek tiek.
5. Ar jis kalba angliškai?	E. Nedidelis.
6. Jūs gyvenate Vilniuje?	F. Taip, iš Londono.
7. Ar jis iš Anglijos?	G. Ne, gydytojas.
8. Tu dirbi mokykloje?	H. Lietuvoje.
9. Ar jis yra profesorius?	I. Taip, gerai kalba angliškai ir prancūziškai.
10. Tu kalbi lietuviškai?	J. Taip, dabar Kaune.
11. Ar jie gyvena Kaune?	K. Taip, aš esu mokytojas.
12. Koks yra tavo butas?	L. Universitete.

3 pratimas. Jūs matote atsakymus į klausimus. Parašykite, kokie buvo klausimai.

1. . . . . ? – Irena.

2. . . . . ? – Vaitkienė.

3. . . . . ? – Gydytoja.

4. . . . . ? – Ligoninėje.

5. . . . . ? – Iš Vilniaus.

6. . . . . ? – Vilnius, Dūkštų g. 10 – 17.

4 pratimas. Pažiūrėkite į paveiksliukus, perskaitykite profesijų ir pareigų pavadinimus, pažymėkite, kurie žodžiai kuriems paveiksliukams tinka. Ką galite pasakyti apie tuos žmones (pavartokite žodžius linksmas, geras, rimtas, protingas ...)?

1. 2. 3. 4.

5. 6. 7. 8.

9. 10. 11. 12.

a) policininkas	d) gaisrininkas	g) darbininkas	j) padavėja
b) ūkininkė	e) gydytoja	h) paštininkė	k) medžiotojas
c) teisėjas	f) sekretorė	i) dirigentas	l) pianistas

5 pratimas. Baikite dialogus.

1.

– Labas rytas.

– . . . . Kaip sekasi?

– . . . . O jums?

– . . . .

2.

– . . . .

– Labas. Kaip gyveni?

– . . . . O . . . .

– . . . .

3.

– . . . ., ar jūs ponas Milius?

– Ne, ... Ponas Milius ten.

– . . . .

4.

– Noriu . . . . : mano . . . .

– . . . ., aš . . . .

– Labai . . . .

6 pratimas. Surašykite atskirai profesijų, pareigų, šeimos narių pavadinimus, tautybes ir būdvardžius.

Kasininkas, japonas, skalbėja, įdomus, tėtė, gražus, baltas, motina, sesė, vengrė, nuostabus, statybininkas, krepšininkas, žmona, kinas, aktorius, sūnus, mažas, kirpėjas, fotografas, dukra, šaltas, lenkė, direktorius, brolis, bulgaras, karštas, pardavėjas, vokietė, bankininkas, turtingas, piktas, vyras, verslininkas.

Profesijos ir pareigos	Tautybės	Šeimos nariai	Būdvardžiai
kasininkas	japonas	tėtė	gražus

7 pratimas. Dar kartą pažiūrėkite į 6 pratimą ir parašykite, kaip pakviesite įvairių profesijų ir pareigų žmones, šeimos narius.

Pavyzdys:
Kasininkas – kasininke. Tėtė – tėte.

. . . .

. . . .

. . . .

. . . .

. . . .

. . . .

8 pratimas. Parašykite sakinius pagal pavyzdį. Parinkite priešingos reikšmės žodžius.

Pavyzdys:
Mama yra gera. – Ji nėra bloga.

1. Tėvas yra aukštas. – ....
2. Sesė yra maža. – ....
3. Aš esu jaunas. – ....
4. Tu esi linksma. – ....
5. Kava yra karšta. – ....
6. Mašina yra švari. – ....
7. Jis yra gražus. – ....
8. Tu esi alkanas. – ....

9 pratimas. Atsakykite į klausimus pagal pavyzdį.

Pavyzdys:

Ar tu esi lietuvis? – Ne, aš nesu lietuvis, aš esu lenkas.

1. Ar tu esi anglas? – ....
2. Ar tu esi alkanas? – ....
3. Tavo tėvas bulgaras? – ....
4. Ar tavo draugas kanadietis? – ....
5. Ar tu iš Paryžiaus? – ....
6. Ar tu liūdnas? – ....
7. Ar tavo dėdė storas? – ....
8. Ar tavo tėvas yra namie? – ....
9. Ar tavo sesė maža? – ....

10 pratimas. Parašykite klausimus paryškintiems žodžiams.

Pavyzdys:

Karšta kava yra skani. – Kokia kava yra skani?

1. Aš gyvenu *puikiai*. – ....
2. *Mano* mama labai graži. – ....
3. Mano brolis *labai aukštas*. – ....
4. *Ta knyga* yra įdomi. – ....
5. Tavo butas *geras*. – ....
6. *Tėvo* brolis yra gydytojas. – ....
7. Jis mėgsta skaityti *garsiai*. – ....
8. Ana gerai kalba *lietuviškai*. – ....

9. Aš esu iš *Japonijos.* – . . . .

10. Lietuvos sostinė yra *Vilnius.* – . . . .

11 pratimas. Sujunkite klausimo pradžią su pabaiga. Atsakykite į klausimus.

Kaip	esi tu?	– . . . .
Kieno	tu alkanas?	– . . . .
Kas	tavo draugo charakteris?	– . . . .
Ko	brolis yra inžinierius?	– . . . .
Koks	šiandien diena?	– . . . .
Kokia	nėra klasėje?	– . . . .
Ar	tu pieši?	– . . . .

12 pratimas. Rodyklėmis pažymėkite, kokios savybės tinka šiems žmonėms.

policininkas	protingas	profesorius	kūrybiškas
gydytojas	drąsus	buhalteris	stiprus
aktorius	sąžiningas	futbolininkas	švelnus

Ar patinka tokie atsakymai? Parašykite savo nuomonę.

Pažiūrėkite į žodyną ir parašykite, koks turi būti:

vairuotojas – . . . .

pardavėjas – . . . .

kirpėja – . . . .

muzikantas – . . . .

šachtininkas – . . . .

direktorius – . . . .

13 pratimas. Prisiminkite abėcėlę ir parašykite kuo daugiau kreipinių – žmonių vardų ar profesijų pavadinimų.

A – Algi, Adomai, Angele, Alma, auklėtoja . . . .

B – . . . .

C – . . . .

D – . . . .

. . . .

. . . .

. . . .

. . . .

. . . .

. . . .

14 pratimas. Parašykite reikalingus žodžius.

Pavyzdys:
Sąsiuvinis tvarkingas. Vaikai rašo tvarkingai.

1. Mergina *graži*. Ji atrodo . . . .

2. Vyras . . . . Jis dirba *protingai*.

3. Vaikas *linksmas*. Jis žaidžia . . . .

4. Šuo . . . . Jis žiūri *liūdnai*.

5. Katė *pikta*. Ji miaukia . . . .

6. Tas krepšys . . . . Mama jį neša *sunkiai*.

7. Tavo draugas *malonus*. Jis kalba . . . .

8. Jo darbas . . . . Brolis dirba *puikiai*.

15 pratimas. Atsakykite į klausimus.

Pavyzdys:
Kaip eina Petras?(lėtas) – Jis eina lėtai.

1. Kaip kalba vaikas? (*garsus*)   – . . . .

2. Kaip piešia brolis? (*gražus*)   – . . . .

3. Kaip bėga katė? (*greitas*)   – . . . .

4. Kaip brolis rašo lietuviškai? (*geras*)   – . . . .

5. Kaip pasakoja mokytojas? (*įdomus*)   – . . . .

6. Kaip verda mama? (*skanus*)   – . . . .

7. Kaip tu dirbi pamokoje? (*mielas*)   – . . . .

8. Kaip žaidžia mergaitė? (*linksmas*)   – . . . .

16 pratimas. Išrinkite ir įrašykite tinkamą žodį.

Pavyzdys:
Ji gyvena Vilniuje, o (jo, jos) jos brolis – Kaune.

1. Jis yra dailininkas, o (*jos, jo, jų*) . . . . vaikai verslininkai.

2. Mano dėdė ir teta gyvena Prahoje, o (*jo, jos, jų*) . . . . sūnus – Budapeštė.

3. Tėvo sesuo ir (*jo, jos, jų*) . . . . vyras mėgsta dainuoti.

4. Martynas ir (*jo, jos, jų*) . . . . brolis gyvena Panevėžyjè.

5. Jis ir (*jo, jos, jų*) . . . . sūnus dirba ligoninėje.

6. Jos gyvena mieste, o (*jos, jų, jie*) . . . . tėvai – kaime.

7. Mano žmona ir (*jos, jo*) . . . . brolis yra Prancūzijoje.

17 pratimas. Iš šių žodžių sudarykite sakinius.

Pavyzdys:
Aš, įdomi, knyga, labai. – Mano knyga labai įdomi.

1. Universitetas, aš, būti, studentas. – . . . .

2. Mes, gera, mašina, būti.   – . . . .

3. Maži, jie, vaikai, nebūti.   – . . . .

4. Aš, brolis, nebūti, aukštas.   – . . . .

5. Patogus, jūs, namas, būti.   – . . . .

6. Paveikslas, Petras, būti, gražus. – . . . .

7. Pyragas, mama, skanus, būti. – . . . .

8. Brolis, draugas, linksmas, labai. – . . . .

9. Lėlė, graži, mergaitė, yra.   – . . . .

10. Jis, švari, mašina, nebūti.   – . . . .

18 pratimas. Parašykite visus giminystės santykius.

Pavyzdys:
Adelė Vaišnienė yra Viliaus Vaišnio žmona.
Ji yra Astos motina, Godos ir Tado senelė.

. . . .

. . . .

. . . .

. . . .

. . . .

. . . .

. . . .

. . . .

. . . .

. . . .

. . . .

. . . .

. . . .

. . . .

19 pratimas. Atsakykite neigiamai pagal pavyzdį.

Pavyzdys:
Ar yra profesorius? – Ne, jo nėra.

1. Ar yra mama?   – Ne, ...
2. Gal yra Robertas ir Viktoras?   – Ne, ...
3. Gal yra tėtis?   – Ne, ...
4. Ar yra ponas Vaiškūnas?   – Ne, ...
5. Ar yra Ieva ir Dovilė?   – Ne, ...
6. Gal yra Saulius?   – Ne, ...
7. Ar yra profesorė Paulauskienė?   – Ne, ...
8. Gal yra mano vyras?   – Ne, ...
9. Ar yra Jonas ir Ada?   – Ne, ...
10. Ar yra ponia Strimaitienė?   – Ne, ...

20 pratimas. Parašykite tinkamą formą.

A. Ar (*jūs*) . . . . dukra gyvena Paryžiuje?

B. Ne, (*Strasbūras*) . . . . Ji ten dirba (*bankas*) . . . .

A. O, ji (*bankininkas*) . . . .? Tai (*geras*) . . . . profesija.

B. Taip, bet dukra per daug (*dirbti*) . . . .

A. Ar (*ji*) . . . . vyras prancūzas?

B. Ne, jis vokietis. (*Jis*) . . . . senelis yra iš (*Strasbūras*) . . . .
    Visa (*jie*) . . . . giminė gyvena (*Elzasas*) . . . .

A. Ar ir (*jūs*) . . . . vila yra Elzase?

B. Ne, (*mes*) . . . . vila yra Alpėse.

21 pratimas. Įrašykite žodžius.

Pavyzdys:
Čia yra gražus namas. Nematau gražaus namo.

1. Čia puikus miestas. Aš esu iš . . . . miesto.
2. Čia mano mielas draugas. Nematau tavo . . . . draugo.
3. Jis yra geras mokytojas. Šiandien nėra mano . . . . mokytojo.
4. Koks linksmas paukštis! Nematau to . . . . paukščio.
5. Čia auga graži gėlė. Ten nėra . . . . gėlės.
6. Čia yra nauja knyga. Ne, nėra . . . . knygos.

22 pratimas. Parinkite ir įrašykite tinkamą žodį.

Geras, linksmas, įdomios, graži, naujo, saldaus, sunkaus, saldžios, senas, didelio, naujos.

1. Čia gyvena mano . . . . mokytojas.

2. Aš nesuprantu to . . . . klausimo.

3. Mūsų mieste nėra . . . . ežero.

4. Jis yra labai . . . . berniukas.

5. Mama negeria . . . . kavos.

6. Susipažink, čia mano . . . . draugas.

7. Nėra . . . . obuolio.

8. Sode auga . . . . rožė.

9. Mama eina pirkti . . . . knygos.

10. Tėvas neranda . . . . laikraščio.

23 pratimas. Paklausykite ir užpildykite lentelę.

Vardas	Tautybė	Profesija	Šalis	Miestas	Kalba
1. Rimas				Kaunas	
2. Marija					prancūziškai, rusiškai
3. Rita			Lenkija		
4. Viktoras	italas				
5. Sigita				Vilnius	
6. Gvidas		lakūnas			

24 pratimas. Atidžiai paklausykite pavyzdžio ir pasakykite sakinius.

Pavyzdys:
Jonas. – Čia Jono mokykla.

25 pratimas. Atidžiai paklausykite pavyzdžio ir liepkite patys.

Pavyzdys:
Tadas, eiti. – Tadai, eik.

26 pratimas. Paklausykite ir įrašykite e, ė, ie, i.

g . . . . lė	l . . . . tuvis	k . . . . dė	s . . . . na	p . . . . gus
v . . . . rėjas	did . . . . lis	l . . . . ktuvas	st . . . . prus	d . . . . na
tėt	d . . . . rigentas	up	but . . . . lis	inž . . . . nierius

27 pratimas. Pasakykite greitai.

Mano šaunuolis sūnus puikus lakūnas bus.

TREČIOJI PAMOKA

1 pratimas. Žiūrėdami į paveiksliukus, parašykite, ką kalba šie žmonės.

....

....

....

....

....

2 pratimas. Raskite poras.

1. Ar tu mėgsti arbatą su pienu?
2. Gero apetito.
3. Gal norite kavos?
4. Mėgsti medų?
5. Atsiprašau, ar turite arbatos?
6. Ledų, šokolado, riešutų?
7. Imk obuolį.
8. Ko nori? Pieno, kavos, sulčių?
9. Prašom ko nors valgyti.

A. Ačiū, ne. Aš ją geriu tik rytą.
B. Žinoma, labai. Mėgstu viską, kas saldu.
C. Ne, į arbatą dedu tik cukraus.
D. Prašom riešutų.
E. Dėkui, nesu alkanas.
F. Ačiū, ir jums taip pat.
G. Duok, labai mėgstu.
H. Ačiū, nieko. Ką tik gėriau arbatos.
I. Taip, žinoma. Su citrina?

3 pratimas. Parašykite klausimus paryškintiems žodžiams.

Pavyzdys:
Aš mėgstu valgyti šokoladinius saldainius. – Ką tu mėgsti valgyti?

1. Brolis niekada negeria *stiprios* kavos.   – ....
2. Mūsų šeima visada atostogauja *pajūryje.*   – ....
3. *Vakare* paprastai einu pasivaikščioti.   – ....
4. Turguje aš visada perku *bananų.*   – ....
5. Aš labai mėgstu *skaityti.*   – ....
6. *Žiemą* sesė mėgsta važiuoti slidinėti.   – ....
7. Šiandien *labai šaltas* oras.   – ....
8. Aš nemėgstu *pieno.*   – ....

4 pratimas. Atkurkite pokalbius.

A. Kalba Mantas ir mama.

Mama . . . .

Mantas . . . .

– Iki.
– Tuojau, mama. Ko reikia?
– Gal dar užeik pieno?
– Taip, bėk.
– Mantai, reikia nupirkti daržovių. Ar gali?
– Dabar viskas?
– Tik pieno?
– Viskas?
– Bulvių, morkų, ir svogūnų.
– Pieno, varškės ir grietinės.
– Gerai. Ar daugiau nieko?
– Taip. O gal dar obuolių ir kriaušių.
  Juk tu taip mėgsti.

B. Kalba Daiva ir Martynas.

Daiva . . . .

Martynas . . . .

– Nenori kavos? Kaip keista.
– Ne, ačiū, nieko nenoriu.
– Gal tau ką padėti?
– Ačiū, ne. Turiu baigti darbą.
– Gal tu alkanas? Nenori valgyti?
– Martynai, prašom kavos.
– Norėt noriu, bet, atleisk, negaliu.
  Rytoj reikia atiduoti projektą,
  labai neturiu laiko.
– Dėkui, aš pats viską turiu padaryti.

5 pratimas. Iš žodžių kiaulė, jautis, avis, višta, antis padarykite mėsos pavadinimus ir pabaikite pirkėjo ir pardavėjo dialogą mėsos parduotuvėje.

– Laba diena. Prašom . . . .
– Šiandien nepatariu pirkti . . . . ,

  nes ji labai riebi, bet turime geros . . . .
– Gerai, prašom . . . .
– Ko dar norite?
– Gal . . . .? Ar . . . .?

  Ką jūs rekomenduojate?
– Pirkite . . . . faršo – skanus ir šviežias.
– Ačiū.

6 pratimas. Parašykite, kokių produktų jūs perkate maisto parduotuvėse.

Visada	*Dažnai*	*Kartais*	*Retai* . . . .
. . . .	. . . .	. . . .	. . . .
. . . .	. . . .	. . . .	. . . .
. . . .	. . . .	. . . .	. . . .
. . . .	. . . .	. . . .	. . . .

Ko niekada neperkate?

. . . .

. . . .

7 pratimas. Sudarykite du sąrašus.

Man patinka
obuoliai

Aš nemėgstu
slyvų

. . . .

. . . .

. . . .

. . . .

. . . .

8 pratimas. Įrašykite į sakinius tinkamas šių žodžių formas:

Kiauliena, vištiena, aviena, jautiena, dešra, kava, arbata, vynas, alus, pienas, varškė, pyragas, medus, sviestas, sūris.

1. Aš labai mėgstu . . . . , ... ir . . . . , bet nemėgstu
. . . ., ... ir . . . .

2. Mano tėvas mėgsta . . . . ir . . . . , bet nemėgsta . . . . ,
. . . . ir . . . .

3. Jie nemėgsta nei . . . . , nei . . . .

4. Ar tu mėgsti . . . . ir . . . . ?

5. Mūsų vaikai labai mėgsta . . . . ir . . . . , bet nemėgsta
. . . .

6. Ar tavo vyras mėgsta . . . . , ar . . . . ?

7. Ar ji nori . . . . ir . . . . ?

8. Aš nenoriu . . . . , noriu tik . . . .

9. Ar tu perki tik . . . . , ar ir . . . . ?

9 pratimas. Sujunkite būdvardžius su daiktavardžiais.

balta	kriaušės
saldūs	šokoladas
rūgšti	apelsinas
juodas	žuvis
sūrios	alus
rūgštus	mėsa
saldžios	dešrelės
šviežia	obuoliai
rūkyta	citrina
stiprus	kava

10 pratimas. Įrašykite tinkamą žodžio formą.

A: Gal nori (*saldi*) . . . . slyvų?

B: Ar tikrai (*skani*) . . . . ?

A: Labai. Aš valgau ir negaliu sustoti. Dar turiu (*puiki*) . . . . kriaušių.

B: Ne, ačiū. Man patinka (*rūgštokas*) . . . . obuoliai, o ne kriaušės.

A: Kaip nori. Ar tu niekada nevalgai (*žalia*) . . . . vynuogių?

B: Ne, niekada nevalgau nei (*žalia*) . . . . , nei . . . . (*mėlyna*)
. . . . vynuogių. Aš nemėgstu (*rūgštus*) . . . . vaisių.

A: Kodėl? Aš manau, kad vynuogės yra (*saldi*) . . . .

B: Galbūt. Bet aš nemėgstu (*šviežias*) . . . . vaisių.

A: Tai ką tu mėgsti?

B: Mėgstu vaisius iš kompoto.

11 pratimas. Perrašykite sakinius daugiskaita.

Pavyzdys:
Mergaitė nori obuolio. <u>*Mergaitės nori obuolių.*</u>

Mano draugas yra geras sportininkas. . . . .

Čia nėra naujo kompiuterio. . . . .

Ar čia rūkyta dešrelė? . . . .

Jie nenori valgyti bananų. . . . .

Čia teka srauni upė. . . . .

Ar tu nori apelsino? . . . .

12 pratimas. Užpildykite lentelę:

graži šeima	*gražią šeimą*	*gražios šeimos*	*gražių šeimų*
	skanų obuolį		
didelis kiaušinis			
			saldžių pyragų
		žali agurkai	
	kartų pipirą		
rūgšti citrina			
			raudonų pomidorų
		puikūs saldainiai	

13 pratimas. Įrašykite tinkamus žodžius.

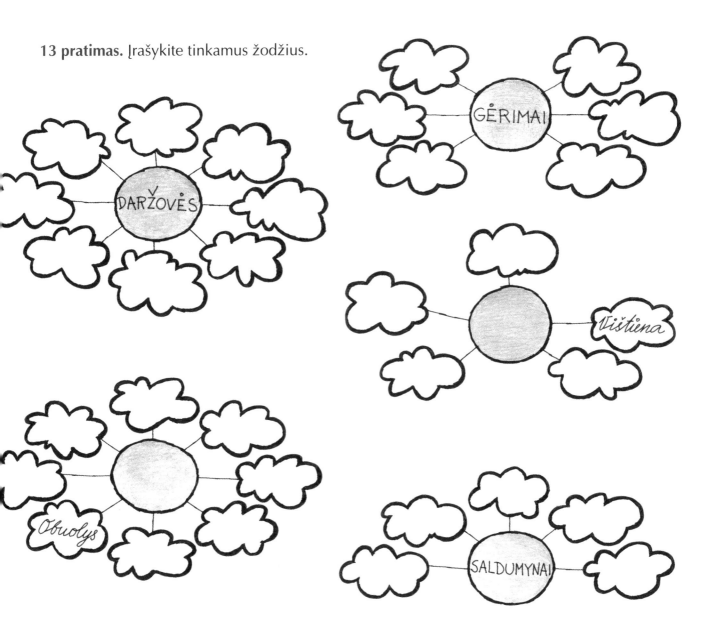

14 pratimas. Pakeiskite sakinius pagal pavyzdį.

Pavyzdys:
Vakare aš visada einu pasivaikščioti. – Vakare aš <u>niekada neinu</u> pasivaikščioti.

1. Rytą aš visada ilgai miegu.   – . . . .

2. Vasarą brolis visada daug plaukioja.   – . . . .

3. Vakare mama visada mezga.   – . . . .

4. Sekmadienį vaikai visada sėdi namie.   – . . . .

5. Mano vaikas dieną visada miega.   – . . . .

6. Visada rytą geriu stiklinę obuolių sulčių. – . . . .

7. Vytauto sesė visada nori ledų.   – . . . .

15 pratimas. Tadas labai nori torto. Bet jį pasiekti gali tik išasmenavęs dainuoti, mylėti, norėti. Padėkite berniukui.

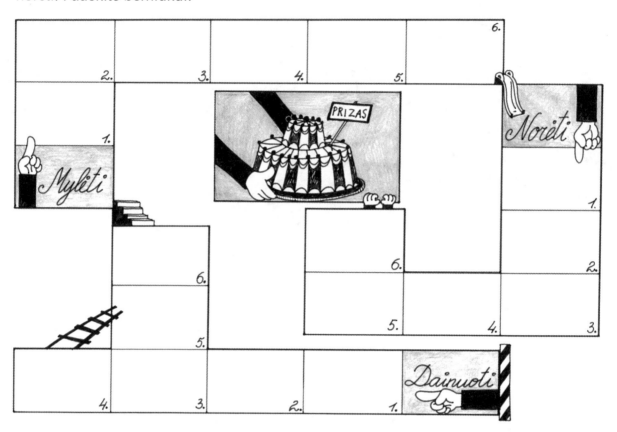

16 pratimas. Pažymėkite (+), su kokiais produktais ką galite daryti.

	virti	kepti	pjaustyti	lupti	pilti	valgyti	gerti	tepti
pyragas		+	+			+		
pienas								
mėsa								
kiaušinis								
duona								
agurkas								
braškė								
sviestas								
aliejus								

17 pratimas. Pažiūrėkite į paveiksliukus ir parinkite tinkamus žodžius. Padarykite šių žodžių daugiskaitos vardininko formą ir pridėkite prie jų būdvardį.

Naktis 3, slidininkas . . ., agurkas . . ., motina . . ., morka . . ., mokinys . . ., saldainis . . ., ledai . . ., berniukas . . ., daržovės . . ., sūris . . ., lakūnas . . ., kiauliena . . ., virėjas . . ., afrikietis . . ., pupelė . . . .

1.

2.

3.

4.

5.

6.

7.

8.

9.

10.

11.

12.

13.

14.

15.

16.

Slidininkas – geri slidininkai.

. . . .

. . . .

. . . .

. . . .

. . . .

. . . .

18 pratimas. Sujunkite produktų ir pakuočių pavadinimus.

butelis   sviesto
maišelis   saldainių
indelis   alaus
stiklainis   pieno
maišas   sausainių
pakelis   uogienės
dėžutė   grietinės
skardinė   bulvių

19 pratimas. Perskaitykite Jurgos atsakymą Mantui ir parašykite, ko Mantas klausė draugės.

Sveikas, Mantai.

Dėkoju už laišką ir skubu rašyti atsakymą. Šiandien mes su broliu namie vieni. Jis, aišku, nepadeda man rašyti. Todėl tik atsakau į tavo klausimus.

Mokykloje sekasi gerai. Labai patinka literatūra ir anglų kalba. Mama dirba ne mano mokykloje. Brolis dar blogai kalba, aš jo beveik nesuprantu. Tėtė dabar Panevėžyje. Aš labai mėgstu piešti ir skaityti. Vasarą visada praleidžiu Palangoje. Mano šuo visada linksmas ir draugiškas.

Aš ir jis siunčiame tau linkėjimų. Rašyk.

Jurga

1. Kaip . . . . ?

2. Kas . . . . ?

3. Ar . . . . ?

4. Ar . . . . ?

5. Kur . . . . ?

6. Koks . . . . ?

7. Ką . . . . ?

8. Kur visada . . . . ?

20 pratimas. Paklausykite pokalbių ir parinkite situacijos pavadinimą.

1. . . . .   A. Seni mokyklos draugai.

2. . . . .   B. Mokytojai mokykloje.

3. . . . .   C. Mama ir sūnus.

4. . . . .   D. Dantų gydytojas ir ligonis.

5. . . . .   E. Du berniukai.

21 pratimas. Atsakykite į klausimus neigiamai.

Pavyzdys:
Mėgsti limonadą? – <u>Ne, nemėgstu limonado</u>.

22 pratimas. Pasiūlykite draugui pasivaišinti.

Pavyzdys:
Sultys. – <u>Prašom sulčių</u>.

23 pratimas. Atidžiai paklausykite pavyzdžio ir pasakykite sakinius.

Pavyzdys:
Sūris. – <u>Čia yra sūriai</u>. <u>Nenoriu sūrių</u>.

24 pratimas. Paklausę pavyzdžio, pasakykite sakinius.

Pavyzdys:
Aš, mylėti. – <u>Aš myliu</u>.

25 pratimas. Paklausykite ir įrašykite u, ū, uo, o.

pranc . . . zas	lak . . . nas	graž . . . s	sūn . . . s
v . . . kietis	vair . . . tojas	t . . . ščias	an . . . kas
s . . . mis	m . . . kytojas	pl . . . nas	m . . . tina
r . . . sas	. . . kininkas	rūgšt . . . s	vaik . . . tis

26 pratimas. Pasakykite greitai.

Ar šiandien prie upės rūkas?
Ne, mano sūnus ir jo šuo prie upės rūko.

KETVIRTOJI PAMOKA

1 pratimas. Raskite poras.

1. – Prašom parodyti tą raudoną suknelę. A. – Žinoma, prašom. Kur jums gerai?

2. – Ar šitas megztinis vyriškas? B. – Palauk minutėlę, labai įdomios žinios.

3. – Vairuotojau, gal galėtumėte sustoti prie teatro? C. – Kokio dydžio?

4. – Gal gali išjungti radiją? D. – Tas žalias? Taip.

5. – Būk geras, pasakyk, kiek valandų. E. – Žinoma, duokit.

6. – Ar galėtumėte pakabinti mano paltą? F. – Jo dabar nėra.

7. – Ar galėčiau pamatyti direktorių? G. – Jau vidurnaktis.

2 pratimas. Čia rašoma apie 2 žmones. Atskirkite sakinius apie Rimantą Petrulį ir Martyną Kielaitį.

A. Rimantas Petrulis – rimtas profesorius.
B. Martynas Kielaitis – studentas.
C. Jis yra jaunas ilgaplaukis vaikinas.
D. Jis yra nelabai jaunas.
E. Jo šeima nedidelė: tėtis, mama, brolis ir šuo.
F. Jis turi žmoną ir dukrą.
G. Po paskaitų jis dažnai eina į kiną arba į diskoteką.
H. Rytą jis dažnai skaito paskaitas, o vakare dirba bibliotekoje.
I. Visi jo draugai dėvi džinsus ir megztinius.
J. Jis taip pat mėgsta megztinius, o nemėgsta švarkų ir kaklaraiščių.
K. Jis labai retai eina į kiną, nes neturi laiko.
L. Jis yra išsiblaškęs kaip visi profesoriai.
M. Jo mama arba senelė jam mezga gražius vilnonius megztinius.
N. Dažnai auditorijoje jis pamiršta savo skėtį arba pirštines.
O. Jo žmona jam perka kaklaraiščius, marškinius ir kitus drabužius.

Rimantas

1. *A*
2.
3.
4.
5.
6.
7.
8.

Martynas

1. *B*
2.
3.
4.
5.
6.
7.
8.

3 pratimas. Parašykite, kaip prasideda klausimai. Atsakykite į juos.

Pavyzdys:

. . . . *spalvos tavo skrybėlė? – Kokios spalvos tavo skrybėlė? – Juodos.*

1. . . . . dabar valandų? . . . .

2. . . . . turi gerų draugų? . . . .

3. . . . . spalvos tavo nauja mašina? . . . .

4. . . . . nemėgstate? . . . .

5. . . . . galiu padėti? . . . .

6. . . . . visada perki saldžių obuolių? . . . .

7. . . . . mašina tu važiuoji į darbą, juk savo neturi? . . . .

8. . . . . knygos norite? . . . .

9. . . . . mėgstate valgyti vakare? . . . .

10. . . . . kainuoja kilogramas obuolių? . . . .

4 pratimas. Parodykite rodyklėmis, kurie drabužiai kieno. Parašykite sakinių su šiais žodžiais.

Pavyzdys:

Jolanta perka du megztinius ir paltą. Ignas dėvi naują striukę.

megztinis . . . .

suknelė . . . .

palaidinė . . . .

pėdkelnės . . . .

džinsai . . . .

sijonas . . . .

marškiniai . . . .

jo   kelnės   jos . . . .

skarelė . . . .

kaklaraištis . . . .

šortai . . . .

skrybėlė . . . .

paltas . . . .

švarkas . . . .

pižama . . . .

kostiumas . . . .

5 pratimas. Kielaičių šeima labai mėgsta savaitgalį praleisti savo sodyboje. Ponia Jūratė mano, kad visada reikia vežtis daug drabužių. Parašykite, kas yra Kielaičių kelionės lagamine arba ką jie dėvi ar avi.

Pavasarį	*Vasarą*	*Rudenį*	*Žiemą*
Megztinis	Kepurė	Striukė	Kailiniai
. . . .	. . . .	. . . .	. . . .
. . . .	. . . .	. . . .	. . . .
. . . .	. . . .	. . . .	. . . .
. . . .	. . . .	. . . .	. . . .
. . . .	. . . .	. . . .	. . . .

6 pratimas. Pasakykite, kurį metų laiką mėgstate. Kodėl? Koks oras būna tuo metu, kokia temperatūra?

Apačioje pateiktus žodžius surašykite taip, kaip jie tinka metų laikams. Pažymėkite, kuriuo metų laiku kas būna dažnai, kas retai.

Pavasaris	*Vasara*	*Ruduo*	*Žiema*
. . . .	. . . .	. . . .	. . . .
. . . .	. . . .	. . . .	. . . .
. . . .	. . . .	. . . .	. . . .
. . . .	. . . .	. . . .	. . . .
. . . .	. . . .	. . . .	. . . .

Oras šaltas, vėsus, šiltas, karštas; lyja lietus, pučia šiltas vėjas, vėjas šaltas, debesuota, giedra, saulėta, sausa, šlapia, drėgna, ilgai tamsu, anksti šviesu, griaudžia, žaibuoja, šlapdriba.

7 pratimas. Prisiminkite žodžius, kuriais pasakome, *kieno* daiktas yra. Įrašykite reikalingas formas.

Pavyzdys:
Aš dėviu savo kailinius. Tai mano kailiniai.

1. Jis ieško . . . . (*megztinis*) . . . . yra ten.

2. Tu valai . . . . (*kelnės*) . . . . jau švarios.

3. Jūs norite . . . . (*paltas*) . . . . kaba ten.

4. Mergaitė dėvi . . . . (*striukė*) . . . . labai šilta.

5. Šiandien aš turiu . . . . (*skėtis*) . . . . yra raudonas.

6. Tu prašai . . . . (*kepurės*) . . . . Prašom, štai . . . .

7. Mes imame . . . . (*daiktai*) . . . . yra lagaminuose.

8 pratimas. Perskaitykite tekstą ir pažiūrėkite į paveiksliuką. Pažymėkite, kurie sakiniai netinka paveiksliukui. Perrašykite juos taip, kad jie pasakotų apie paveiksliuką. Pasakykite, kas dar vyksta šioje gatvėje.

Labai šalta žiemos diena. . . . .

Visų žmonių drabužiai šilti. . . . .

Jono kailiniai nauji, stori. . . . .

Šiandien vaikinas linksmas. . . . .

Jis perka tris tulpes. . . . .

Gatvėje laukia Jono draugė. . . . .

Dabar lygiai septynios valandos. . . . .

9 pratimas. Parinkite ir įrašykite tinkamą žodį.

1. . . . . (*Mano, Savo*) tėvai gyvena Kaune.

2. Aš dažnai lankau . . . . (*mano, savo*) tėvus.

3. Jonas gyvena senamiestyje, o . . . . (*jo, jos, savo*) brolis naujame rajone.

4. Jonas dažnai sutinka . . . . (*jo, savo*) brolį miesto centre.

5. Žaklina yra iš Prancūzijos, o . . . . (*jos, jo, savo*) draugas iš Turkijos.

6. Žaklina labai myli . . . . (*jos, savo*) draugą.

7. Tai . . . . (*mūsų, savo*) namas.

8. Ar jūs turite . . . . (*jūsų, savo*) namą?

9. Kaimynai turi naują mašiną. . . . . (*jo, jų, savo*) sena mašina nevažiuoja.

10. Jie yra menininkai, o . . . . (*jos, jo, jų, savo*) vaikai verslininkai.

11. Aš dirbu . . . . (*savo, mano*) parduotuvėje.

10 pratimas. Baikite rašyti sakinius.

1. Aš matau . . . . *(linksmi vaikai).*

2. Tėvas valgo . . . . *(saldus obuolys).*

3. Mama geria . . . . *(juoda kava).*

4. Berniukas laiko . . . . *(maža katė).*

5. Sesė turi . . . . *(naujas, malonus draugas).*

6. Mano dukros mėgsta . . . . *(saldžios kriaušės).*

7. Teta visada sekmadienį kepa . . . . *(skanus tortas).*

8. Labai mėgstu . . . . *(kartus juodas šokoladas).*

9. Senelė moka kepti . . . . *(puikios minkštos bandelės).*

10. Jono brolis mėgsta . . . . *(rūgštūs vaisiai).*

11. Aš perku. . . . . *(vilnonės kelnės ir odinis švarkas).*

12. Mama šiandien dėvi . . . . *(lininė suknelė).*

11 pratimas. Užpildykite lentelę.

jis valgo, geria	*ji nevalgo, negeria*	*jis valgo, geria*	*ji nevalgo, negeria*
kiaulieną	kiaulienos		citrinų
	obuolių	vynuoges	
kriaušę			medaus
	pyragų	šokoladą	
bananus			riešutų
sviestą		ledus	
	kopūstų		torto
	pupelių	pieną	
morkas			varškės
	bulvių	sultis	
	avienos	saldainius	
vyną			sūrio
	šampano		dešrelių
kavą		pyragaičius	
	arbatos		dešros
cukrų		bandeles	

12 pratimas. Parašykite tinkamą žodžio formą.

1. Teta Aldona . . . . (*mokyti*) mažus vaikus.
2. Mes . . . . (*prašyti*) raudonų obuolių, o jūs . . . . (*duoti*) žalių.
3. Ar jūs dabar . . . . (*skaityti*) tą naują romaną?
4. Ar tu dažnai . . . . (*rašyti*) laiškus savo draugams?
5. Kartais aš . . . . (*matyti*) Audrių miesto centre.
6. Jis kiekvieną vakarą . . . . (*skaityti*) pasakas savo vaikams.
7. Ką tu . . . . (*daryti*), kai sekmadienį lyja?
8. Ar žiemą jūs . . . . (*valgyti*) žalias daržoves?

13 pratimas. Pažiūrėkite į paveiksliukus ir baikite rašyti sakinius.

1. Šiandien labai

. . . .

2. Matau, kad

. . . .

3. Žiemą Lietuvoje

dažnai . . . .

4. Labai

. . . .

5. Vasarą Lietuvoje

dažnai . . . .

. . . .

6. Žiemą kartais

. . . .

. . . .

7. Šiandien šilta,

visą dieną . . . .

. . . .

14 pratimas. Ar mokate pasakyti telefono numerį? Pabandykite.

44 45 27   75 33 21   62 98 58   26 02 70   45 00 11

Parašykite savo, tėvų darbo, draugų telefonų numerius ir perskaitykite garsiai.

. . . .

. . . .

15 pratimas. Paprašykite savo draugo, o paskui mokytojo.

paprašyk	*draugo*	*mokytojo*
paduoti (knyga)	<u>*Paduok knygą.*</u>	<u>*Prašom paduoti knygą.*</u>
paduoti (*sąsiuvinis*)	. . . .	. . . .
nupirkti (*bilietas*)	. . . .	. . . .
parašyti (*laiškas*)	. . . .	. . . .
imti (*saldainis*)	. . . .	. . . .
pakviesti (*brolis*)	. . . .	. . . .
perskaityti (*prašymas*)	. . . .	. . . .
duoti (*pieštukas*)	. . . .	. . . .

16 pratimas. Pabaikite sakinius.

Prašom . . . . *(1 kg, obuolys)*.

Gal galėtum duoti . . . . *(arbata, puodelis)*.

Prašyčiau parodyti tas . . . . *(2, knyga)*.

Norėčiau pirkti . . . . *(3 litrai, pienas)*.

Ar galiu paprašyti . . . . *(2, porcija, ledai)*?

Prašom duoti . . . . *(11, porcija, grietinėlė)*.

Noriu paprašyti paskolinti . . . . *(65 Lt)*.

Dabar yra . . . . *(12, valanda)*.

Prašom parduoti . . . . *(61 kg, bulvė)*.

Noriu . . . . *(50 g, riešutas)*.

Prašom parodyti tuos . . . . *(2 žiedai)*.

17 pratimas. Parašykite tinkamą žodžio formą.

Pavyzdys:

Aš mėgstu valgyti (saldūs) . . . . *obuolius. Aš mėgstu valgyti* <u>*saldžius*</u> *obuolius.*

1. Aš mėgstu gerti (*juoda*) . . . . kavą.

2. (*Žalios*) . . . . daržovėse yra daug vitaminų.

3. Mama turi (*nauja, šilkinė*) . . . . suknelę.

4. Dabar aš gyvenu (*mažas*) . . . . name, (*siaura*) . . . . senamiesčio gatvėje.

5. Toje (*įdomi*) . . . . kavinėje visada yra daug žmonių.

6. Šiandien čia yra daug (*malonūs*) . . . . žmonių.

7. Nematau savo (*raudonas*) . . . . palto.

8. Duok mano (*margas, vilnonis*) . . . . megztinį.

18 pratimas. Parinkite ir įrašykite tinkamus žodžius.

Žaliame, naujoje, įdomioje, pilnuose, naujame, didelėje, sename, žaliuose, dideliame, naujuose.

1. Mano dėdė gyvena . . . . name.
2. Vaikai mėgsta žaisti . . . . kieme.
3. Tą suknelę mama pirko . . . . parduotuvėje.
4. Mes visi gyvename . . . . butuose.
5. Aš mėgstu pasivaikščioti . . . . parke.
6. . . . . parkuose visada yra daug žmonių.
7. Aš studijuoju labai . . . . universitete.
8. . . . . salėje dabar nėra žmonių.
9. Labai . . . . autobusuose žmonės kartais yra pikti.
10. Aš mėgstu sėdėti . . . . pamokoje.

19 pratimas. Parašykite žodžiais, kiek kainuoja šie daiktai.

. . . .

. . . .

. . . .

. . . .

. . . .

. . . .

. . . .

20 pratimas. Nupieškite šiems laikrodžiams rodykles.

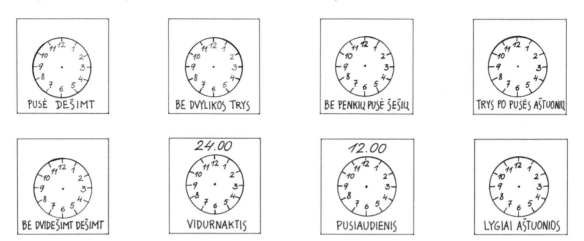

21 pratimas. Parašykite, kiek ko matote paveiksliuke.

. . . .

. . . .

. . . .

. . . .

22 pratimas. Suraskite ir ištaisykite klaidas.

Kieme žaidžia penki vaikų. Mama ir trys vaikas eina pasivaikščioti. Mūsų klasėje yra dešimt mergaitės ir septyni berniukai. Šiame name gyvena septyniolika žmonės. Ateina mano draugai: penki mergaitės ir keturi berniukų. Krepšyje yra septyni pomidorų, du kriaušės, dešimt obuoliai ir šešios citrinos. Ritos spintoje kabo du suknelės, trys sijonai, aštuonios palaidinių ir kelnės.

23 pratimas. Jūsų draugas Žakas iš Prancūzijos nori pavasarį atostogauti prie Baltijos jūros. Parašykite jam laišką ir papasakokite, kaip jums sekasi, koks oras būna pavasarį Lietuvoje, kokių drabužių Žakui reikės atostogoms.

Labas, Žakai.

. . . .

. . . .

. . . .

. . . .

. . . .

. . . .

. . . .

. . . .

. . . .

. . . .

. . . .

. . . .

24 pratimas. Sujunkite taip, kaip tinka pagal reikšmę.

Raudona	kaip vilkas
Kvailas	kaip akmuo
Kietas	kaip genys
Žalia	kaip aguona
Darbštus	kaip bitė
Saldus	kaip varlė
Tamsus	kaip sniegas
Juodas	kaip avinas
Šaltas	kaip medus
Pilkas	kaip velnias
Piktas	kaip ledas
Margas	kaip širšė
Bjaurus	kaip anglis
Baltas	kaip naktis

25 pratimas. Klausydami įrašykite skaičius.

1. Pirmiausia reikia surinkti . . . . . .

   Po signalo – skaičių . . . . . .

   Lenkijos kodas – . . . .

   Varšuvos kodas – . . . .

   Telefonas Varšuvoje – . . . .

   10 minučių pokalbis su Varšuva

   kainuoja . . . . . .

2. Kilogramas sūrio kainuoja . . . . . .

   250 gramų sviesto kainuoja . . . . . .

   25% riebumo grietinė kainuoja . . . . . .

   35% riebumo grietinė kainuoja . . . . . .

   Liesa varškė kainuoja . . . . . .

   Riebi varškė kainuoja . . . . . .

26 pratimas. Paklausykite ir parašykite, kiek valandų.

1. . . . .

2. . . . .

3. . . . .

4. . . . .

5. . . . .

6. . . . .

27 pratimas. Pasakykite pagal pavyzdį.

1 pavyzdys:
Aš, mėsa. – Aš valgau mėsą.

2 pavyzdys:
Mes, drabužiai. – Mes valome drabužius.

28 pratimas. Pasakykite pagal pavyzdį.

Pavyzdys:
Aš, valgyti, ledai. – Aš valgau ledus.

29 pratimas. Paklausykite ir įrašykite u, ū, uo, o.

Liet . . . . va	. . . . gienė	šok . . . . ladas	p . . . . pelės
. . . . buolys	aut . . . . busas	cukrus	p . . . . midoras
k . . . . stiumas	dr . . . . ska	k . . . . pūstas	tr . . . . pinys
kam . . . . lys	vyn . . . . gės	rieš . . . . tas	aliej . . . . s

30 pratimas. Paklausykite ir pabraukite kirčiuotą žodžio skiemenį.

Lietu<u>va</u>, lietuvis, vokietis, Vokietija, Anglija, Amerika, amerikietis, norvegas.
Vairuotojas, virėjas, taksistas, bibliotekininė, direktorius, ūkininkas, darbininkas.
Obuolys, kriaušė, dešra, pyragas, arbata, uogienė, duona, bandelė, sviestas.
Suknelė, kelnės, marškiniai, sijonas, batai, kojinės, švarkas, kepurė, skrybėlė.

31 pratimas. Pabandykite pasakyti greitai.

Šešios žąsys su šešiais žąsyčiais.

PENKTOJI PAMOKA

Bendravimas

1 pratimas. *Darbas poromis.* Paklauskite draugo ir tada papasakokite apie jį visiems.

1. Koks tavo vardas, kokia pavardė?
2. Iš kur tu esi?
3. Kokia tavo tautybė?
4. Kur tu gyveni? Koks tavo adresas? Koks telefono numeris?
5. Kokia tavo profesija? Kur tu dirbi?
6. Ką tu mėgsti valgyti ir gerti? Ko nemėgsti?
7. Ką tau patinka daryti, kai nedirbi?
8. Ką tau patinka dėvėti darbe, namie, šventėje?

2 pratimas. Raskite poras.

1. Prašom susipažinti, čia mano kolega Jonas Petraitis.
2. Labas, kaip sekasi?
3. Ar tu pažįsti Moniką?
4. Kada šiemet atostogauji?
5. Kiek dabar valandų?
6. Ar tu moki lietuviškai?
7. Jūs turite mokėti dvidešimt penkis litus.
8. Prašom imti sausainių.
9. Ar dažnai geriate stiprią kavą?
10. Ką paprastai dėvi darbe?
11. Kieno ši knyga?

A. Žiemą.
B. Penkiolika po septynių.
C. Šiek tiek, bet kalbu blogai.
D. Prašom.
E. Ačiū, labai skanūs.
F. Pilką kostiumą.
G. Labas. Šiaip sau.
H. Rytą visada.
I. Mano.
J. Labai malonu.
K. Ar Liniauskienę?

3 pratimas. Parašykite klausimus. Tegul draugas į juos atsako.

1. Kas . . . . ?

2. Kaip . . . . ?

3. Koks . . . . ?

4. Ar . . . . ?

5. Kas yra . . . . ?

6. Ko nėra . . . . ?

7. Kieno . . . . ?

8. Kada . . . . ?

9. Kokios spalvos . . . . ?

Žodynas

4 pratimas. Per 10 minučių parašykite kuo daugiau jums žinomų žodžių, prasidedančių raidėmis:

A Algis, aš, Anglija, ...

B ....

C ....

D ....

E ....

F ....

G ....

H ....

I ....

J ....

K ....

L ....

M ....

N ....

O ....

P ....

R ....

S ....

Š ....

T ....

U ....

V ....

Z ....

Ž ....

5 pratimas. Pabaikite rašyti sakinius.

Pavyzdys:
Žemę dirba <u>ūkininkai</u>.

1. Parduotuvėje dirba ....

2. Taksi vairuoja ....

3. Universitete dirba ....

4. Duoną kepa ....

5. Sudijuoja ....

6. Mokykloje moko ....

7. Kirpykloje dirba ....

8. Valgyti verda ....

9. Žmones gydo ....

10. Iš anglų kalbos verčia ....

6 pratimas. Parašykite, ką dėvi bei avi vyras ir moteris, kai:

	vyras	*moteris*
sportuoja	. . . .	. . . .
eina į svečius	. . . .	. . . .
atostogauja prie jūros	. . . .	. . . .
dirba firmoje	. . . .	. . . .

7 pratimas. Užpildykite lentelę.

šeimos nariai	
mama	
	vyras
	sūnus
sesė	
	senelis
anūkė	

8 pratimas. Suraskite žodžių poras.

<u>Motina</u>, tavo, niekada, katė, seselė, retai, plonas, vyras, ilgas, kiauliena, ji, suprasti, trumpas, duok, imk, dažnai, visada, žmona, šaltas, kalbėti, šviesus, <u>tėvas</u>, šiltas, mano, jis, šuo, brolis, gydytojas, storas, kiaulė, tamsus, sesė.

9 pratimas. Parašykite mažiausiai po tris žodžius, kas koks gali būti.

Pavyzdys:
Agurkas – <u>didelis, žalias, šviežias</u>.

Švarkas – . . . .   Oras – . . . .

Tėvas – . . . .   Dėstytojas – . . . .

Sijonas – . . . .   Šeima – . . . .

Kriaušė – . . . .   Obuolys – . . . .

Suknelė – . . . .   Žmona – . . . .

Dukra – . . . .   Direktorius – . . . .

10 pratimas. Parašykite, kokių produktų yra šiuose patiekaluose.

Pavyzdys:
Kopūstų sriuba: <u>kopūstai, morkos, bulvės, svogūnas, pipiras, jautiena, vanduo</u>.

Grybų sriuba: . . . .

Kiaušinienė: . . . .

Blynai: . . . .

Pica: . . . .

Vaisių salotos: . . . .

Šviežių daržovių salotos: . . . .

11 pratimas. Išspręskite kryžiažodį.

1. Ji . . . . Belgijoje.
2. Kaip tau . . . . ? Ačiū, gerai.
3. Jis gydo žmones.
   Jis yra . . . .
4. Gal norite . . . . ,
   o gal arbatos?
5. Rudenį miške auga . . . .
6. Mama kepa . . . .
   su obuoliais.
7. Ar tu . . . . saldainius?

8. Aš turiu du . . . .
   ir vieną sesę.
9. Ar tu mėgsti kavą su . . . . ?
10. Vyrai dėvi kelnes,
    o moterys . . . .
11. Žiemą Suomijoje visada . . . .
12. Afrikoje vasarą yra labai . . . .
13. . . . . kaip agurkas.
14. Tautinis sijonas yra . . . .
15. Pomidorai kainuoja 10 . . . .

Skaitymas

12 pratimas. Perskaitykite valgiaraštį, įrašykite kiekvieno skyrelio pavadinimus.

Skyrelių pavadinimai: saldumynai, alkoholiniai gėrimai, nealkoholiniai gėrimai, karšti patiekalai, karšti gėrimai, sriubos, šalti patiekalai.

. . . .

šviežių daržovių salotos	5 Lt
pomidorai	4 Lt
silkė ir grybai	? Lt
žuvis	6 Lt
jautiena	? Lt
rūkyta dešra	9 Lt
vištienos vyniotinis	7 Lt

. . . .

tortas „Napoleonas"	? Lt
tortas „Paukščių pienas"	2 Lt
apelsinų želė	2, 50 Lt
plakta grietinėlė	3 Lt
ledai	2 Lt
vaisių salotos	? Lt

. . . .

agurkų sriuba	5 Lt
kopūstų sriuba	4 Lt
vištienos sultinys	? Lt
burokėlių sriuba	3 Lt
pupelių sriuba	? Lt
šaltibarščiai	2 Lt

. . . .

cepelinai	6 Lt
guliašas	7 Lt
karbonadas	12 Lt
„Kijevo" kotletas	? Lt
kepta žuvis	? Lt
blynai	3 Lt

. . . .

alus	3 Lt
raudonasis vynas	5 Lt
baltasis vynas	6 Lt
šampanas	7 Lt
degtinė	7 Lt

. . . .

apelsinų sultys	? Lt
obuolių sultys	2 Lt
pomidorų sultys	? Lt
pieno kokteilis	1,5 Lt
sulčių kokteilis	2,5 Lt
mineralinis vanduo	1,5 Lt

. . . .

juoda kava	? Lt
balta kava	2 Lt
juodoji arbata	1,3 Lt
vaisių arbata	1,4 Lt

Baikite pokalbį.

Padavėjas	Laba diena. Ką užsisakote?
	Ar valgysite šaltų patiekalų?
Aš	Taip, prašom duoti . . . .
	. . . .
Padavėjas	Gerai. O sriubos?
Aš	. . . .
Padavėjas	Atsiprašau, tik ką baigėsi.
	Gal kitos sriubos?
Aš	. . . .
Padavėjas	O karšto?
Aš	. . . .
Padavėjas	Ką geriate?
Aš	. . . .
Padavėjas	Ar reikia deserto?
Aš	. . . .
Padavėjas	Dabar viskas?
Aš	. . . .

Klausymas

13 pratimas. Valgiaraštyje, kurį skaitėte 9 pratime, nėra kai kurių kainų. Tuos patiekalus užsisako Daiva ir Audrius. Paklausykite dialogo ir parašykite, kiek kainuoja tie patiekalai.

patiekalas	*kiek kainuoja*	*patiekalas*	*kiek kainuoja*
silkė ir grybai	. . . .	apelsinų sultys	. . . .
jautiena	. . . .	pomidorų sultys	. . . .
vištienos sultinys	. . . .	tortas „Napaleonas"	. . . .
pupelių sriuba	. . . .	vaisių salotos	. . . .
„Kijevo" kotletas	. . . .	juoda kava	. . . .
kepta žuvis	. . . .		

Rašymas

14 pratimas. Jūs turite naują draugą. Parašykite savo tėvams laišką ir papasakokite apie jį. Kad būtų lengviau, pažiūrėkite į klausimus, kurie yra 1 pratime.

. . . .

. . . .

. . . .

. . . .

. . . .

. . . .

. . . .

. . . .

. . . .

. . . .

. . . .

. . . .

. . . .

. . . .

15 pratimas. Iš šių žodžių sudarykite sakinius.

Pavyzdys:
Mes, norėti, pienas. – Mes norime pieno.

1. Ji, pirkti, suknelė, megztinis, kojinės, ir. – ....

2. Sūnus, mėgti, mano, ledai. – . ...

3. Jis, duktė, gyventi, Italija, dabar. – ....

4. Tėvas, turėti, ilgas, paltas, odinis. – ....

5. Mėgti, jūs, ar, vynas, karštas. – ....

6. Nemėgti, brolis, žmona, pienas, karštas. – ....

7. Norėti, vilnonis, pirkti, aš, megztinis. – ....

8. Rytas, kava, visada, vyras, gerti, mano, juoda. – ....

9. Tu, valgyti, ar, duona, visada, juoda. – ....

10. Teta, mokykla, jūs, dirbti, ar. – ....

Gramatika

16 pratimas. Pakeiskite teigiamus sakinius neigiamais, o neigiamus – teigiamais.

Pavyzdys:
Aš esu iš Anglijos. – Aš nesu iš Anglijos.   Jis nekalba švediškai. – Jis kalba švediškai.

1. Aš nevalgau mėsos. – ....

2. Jis nesupranta prancūziškai. – ....

3. Mes mėgstame ledus. – ....

4. Ji yra pianistė. – ....

5. Jūs nemėgstate arbatos. – ....

6. Šiandien gražus oras. – ....

7. Mano dukra geria kavą. – ....

8. Aš esu vokietis. – ....

9. Jo brolis visada geria alų. – ....

10. Jis nemėgsta pieno. – ....

17 pratimas. Baikite dialogus pagal pavyzdį.

Pavyzdys:
A *Jūs turite namą, ar ne? (butas)*
B *Ne, mes turime butą.*

1. A Tu gyveni name, ar ne? (*vila*)

   B Ne, ...

2. A Tu perki paltą, ar ne? (*suknelė*)

   B Ne, ...

3. A Tu turi visai mažą sūnų, ar ne? (*dukra*)

   B Ne, ...

4. A Jūs mėgstate vyną, ar ne? (*alus*)

   B Ne, ...

5. A Tavo brolis turi juodą katę, ar ne? (*šuo*)

   B Ne, ...

6. A Jis gyvena bendrabutyje, ar ne? (*viešbutis*)

   B Ne, ...

18 pratimas. Perskaitykite sakinius ir suraskite, kuriuose yra klaidų. Ištaisykite jas.

Pavyzdys:
Jis gyvenu Kaune. – Jis gyvena Kaune.

1. Ar jūs dabar esi Atėnuose? – . . . .
2. Kur gyvena Robertas? – . . . .
3. Dukra yra mažas. – . . . .
4. Ji gyvena Paryžiaus. – . . . .
5. Ar tėtė yra vairuotoja? – . . . .
6. Iš kur jis dirba? – . . . .
7. Mama nemėgsta pieną ir varškę. – . . . .
8. Mūsų grupėje yra dvylika studentai. – . . . .
9. Ar tu esi iš Švedijos? – . . . .
10. Mano draugė gyveni Italijoje. – . . . .

19 pratimas. Parašykite pagal pavyzdį.

Pavyzdys:
2, namas. – Du namai.

12, gydytojas – . . . .

3, brolis – . . . .

2, diena – . . . .

16, vaikai – . . . .

20, puslapis – . . . .

5, mergaitė – . . . .

6, numeris – . . . .

4, pianistė – . . . .

1000, studentai – . . . .

45, žmogus – . . . .

20 pratimas. Išrinkite ir įrašykite tinkamą žodį.

Pavyzdys:
Ji gyvena Vilniuje, o (jo, jos) jos brolis Kaune.

1. Jie yra menininkai, o (*jos, jo, jų*) . . . . vaikai verslininkai.

2. Mano (*žmona, žmonos*) . . . . tėvai yra ūkininkai.

3. Aš dirbu (*savo, mano*) . . . . parduotuvėje.

4. Martynas ir (*jo, jos, savo*) . . . . brolis gyvena Panevėžyjè.

5. Jis ir (*jo, savo*) . . . . sūnus dirba ligoninėje.

6. Kur gyvena (*savo, tavo*) . . . . sūnus?

7. Ar tu gyveni su (*savo, tavo*) . . . . tėvais?

8. Jonai, kur dirba (*tavo, savo*) . . . . žmona?

9. Mano žmona ir (*jo, jos, savo*) . . . . brolis yra Prancūzijoje.

21 pratimas. Parašykite, kiek valandų.

   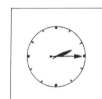

. . . .

. . . .

Tarimas

22 pratimas. Paklausykite ir įrašykite praleistas raides.

V . . . . nas, p . . . . nas, k . . . . tas, k . . . . stas, m . . . . stas, ... ti, pup . . . . lė, s . . . . selė,

kostium . . . . lis, sukn . . . . lė, liemen . . . . , sn . . . . gas, r . . . . kalas, l . . . . ka, r . . . . kė,

p . . . . lis, moksl . . . . vis, sen . . . . lė, d . . . . dė, s . . . . sė, dukt . . . . , t . . . . ta, pusses . . . . rė.

23 pratimas. Paklausykite ir pabraukite kirčiuotą skiemenį.

Mok<u>i</u>nys, mokytojas, mokykla, pamoka, mokyti;

studentas, studijuoti, universitetas, lietuvių kalba;

pirkti, parduotuvė, kaina, kainuoti, parduoti;

pardavėjas, pirkėjas, mokėti, pinigai;

virėjas, virti, maistas, valgyti, patiekalas, užsisakyti;

padavėjas, kavinė, restoranas, pietūs, vakarienė.

24 pratimas. Paklausykite dainos ir įrašykite praleistus žodžius:

R a g a n a

. . . . ragana . . . . ,
be galo . . . .
. . . . kepti . . . .
ir kviesti į svečius.

       Ir traukė . . . .
       . . . . :
       bomdzil bomdzil bom bom   2k.
       ir bomdzil bomdzil bom.

. . . . manė ji
praleisti raganų būry.
Ir raganų net dešimčia
jau lekia, švilpia čia.

       Draugužės sujojo,
       langan baladojo:
       bomdzil bomdzil bom bom   2k.
       ir bomdzil bomdzil bom.

Draugužės . . . .
ir . . . . ,
o kai namo pagaliau . . . . ,
tramvajun sugužėjo.

       . . . . žiopsojo
       . . . . :
       bomdzil bomdzil bom bom   2k.
       ir bomdzil bomdzil bom.

Ž. S. Hop (iš knygos „Stebuklingoji kreida", 1963),
muz. G. Storpirščio, dainuoja G. ir A. Storpirščiai.

ŠEŠTOJI PAMOKA

1 pratimas. *Darbas poromis*. Pagal pateiktą schemą sukurkite pokalbį telefonu.

Mokinys A skambina telefonu mokiniui B.	A: . . . .
B atsiliepia.	B: . . . .
A pasisako, kas skambina.	A: . . . .
B atsako.	B: . . . .
A klausia, ką B veikia, kviečia susitikti.	A: . . . .
B nesutinka, nes ...	B: . . . .
A kviečia rytoj ...	A: . . . .
B negali, nes ...., siūlo kitą savaitę.	B: . . . .
A negali, nes ..., siūlo savaitgalį.	A: . . . .
B sutinka.	B: . . . .
A + B sutaria laiką ir vietą.	. . . .
A + B atsisveikina.	. . . .

2 pratimas. Raskite atsakymus į klausimus.

1. Kelintą valandą tu pradedi dirbti?
2. Kelintu troleibusu važiuoji į paskaitas?
3. Kur yra tavo namas?
4. Ar savaitgalį būsi pas tėvus?
5. Kelinta šiandien diena?
6. Kur eini?
7. Kelintame aukšte tu gyveni?
8. Atsiprašau, kur yra paštas?
9. Koks tavo buto numeris?
10. Gal pasakysite, kur degalinė? Važiuoju, važiuoju ir nerandu.

A. Taip, mamos gimtadienis.
B. Keturiolikta.
C. Į svečius.
D. Netoli, tarp teatro ir pašto.
E. Lygiai devintą.
F. Penktas.
G. Pasukite į kairę, po to važiuokite tiesiai, o prie pirmos sankryžos vėl į kairę. Ten rasite.
H. Trečiu.
I. Ketvirtame.
J. Centrinis? Štai čia, dešinėje.

3 pratimas. Papasakokite apie savo, mamos, draugo ... išvaizdą.

Pavyzdys:
Kaip atrodo tavo tėtė?
Mano tėtė aukštas, plonas, šviesiais plaukais, mėlynomis akimis ... .

4 pratimas. *Darbas poromis.* Telefonu pakvieskite draugą į svečius. Papasakokite jam, kaip reikia ateiti pas jus. Tegu draugas užsirašo, kaip reikia vykti.

Pradėkite taip:
A Alio!
B Labas! Čia . . . . Ką veiksi šeštadienį vakare?
A Nieko. O ką?
B Noriu pakviesti į svečius.
A Puiku, bet kur tu gyveni?
B . . . .

5 pratimas. *Darbas poromis.* Šiandien Jonui labai sunki diena. Užpildykite lentelę ir pasakykite, kur, kada ir su kuo Jonas bus ir ką ten veiks.

valanda	kur?	su kuo?	ką darys?
8. 00	kirpykla – kirpykloje	. . . .	kirpsis
9. 10	paštas –	. . . .	. . . .
9. 45	maisto parduotuvė –	. . . .	. . . .
10. 20	kioskas –	. . . .	. . . .
10. 40	troleibusas –	. . . .	. . . .
12. 25	biblioteka –	. . . .	. . . .
17. 40	kavinė –	. . . .	. . . .
19. 00	teatras –	. . . .	. . . .
23. 55	namai –	. . . .	. . . .

6 pratimas. Pažiūrėkite į šiuos skaičius ir parašykite, kokią savaitės dieną ir kokį mėnesį jie žymi. Kokių mėnesių trūksta? Papildykite sąrašą, nurodydami, kelintas tai mėnuo.

	Diena	Mėnuo	
I	pirmadienis	sausis	Mėnuo
V	. . . .	. . . .	. . . .
III	. . . .	. . . .	. . . .
VII	. . . .	. . . .	. . . .
II	. . . .	. . . .	. . . .
IV	. . . .	. . . .	. . . .
VI	. . . .	. . . .	

7 pratimas. Trumpai aprašykite mėnesius ir ką tada jūs mėgstate veikti.

Pavyzdys:
Sausis – šaltas mėnuo. Dažnai sninga. Visur balta. Tada aš mėgstu slidinėti, važinėti rogutėmis.
Sausio mėnesį yra puikios atostogos.

Liepa – . . . .

. . . .

Gruodis – . . . .

. . . .

Gegužė – . . . .

. . . .

Rugsėjis – . . . .

. . . .

8 pratimas. Surašykite, kas yra mieste.

Pastatai	Transporto priemonės	Kiti daiktai
. . . .	. . . .	. . . .
. . . .	. . . .	. . . .
. . . .	. . . .	. . . .
. . . .	. . . .	. . . .
. . . .	. . . .	. . . .
. . . .	. . . .	. . . .
. . . .	. . . .	. . . .
. . . .	. . . .	. . . .

9 pratimas. Pabraukite žodį, kuris netinka prie kitų.

Pavyzdys:
Vasaris, balandis, vasara, liepa.

1. Bankas, tiltas, bažnyčia, stotis.

2. Kavinė, restoranas, valgykla, viešbutis.

3. Septintas, pirmadienis, ketvirtas, šeštas.

4. Suolas, rudas, pilkas, žalias.

5. Dviratis, sunkvežimis, mašina, šaligatvis.

6. Megztinis, vilnonis, suknelė, švarkas.

10 pratimas. Sujunkite vietų pavadinimus su veiksmažodžiais, kurie pasako, kas tose vietose yra daroma. Parašykite su tais žodžių junginiais sakinius.

parduotuvė	——— pirkti	*1. Šioje parduotuvėje visi perka maistą.*
bankas	skaityti	2. . . . .
paštas	plaukti	3. . . . .
parkas	valgyti	4. . . . .
baseinas	mokyti	5. . . . .
kavinė	vaikščioti	6. . . . .
mokykla	keisti	7. . . . .
biblioteka	siųsti	8. . . . .

11 pratimas. Įrašykite tinkamas žodžių formas.

Aš gyvenu (*didelis*) . . . . mieste. Kiekvieną dieną vykstu į darbą (*pilnas*) . . . .

autobusu žmonių. Dirbti aš pradedu (*devinta*) . . . . valandą. (*Pirma*) . . . .

valandą paprastai einu pietauti su savo (*geras*) . . . . draugu Petru. Mes dažnai einame

valgyti į (*maža*) . . . . (*jauki*) . . . . kavinę (*kita*) . . . . gatvės pusėje.

Ten mes pažįstame vieną (*malonus*) . . . . padavėją. Jis dažnai pradžiugina mus

(*skanus*) . . . . patiekalu ar (*linksmas*) . . . . juoku. Mes labai mėgstame

plepėti su šiuo (*įdomus*) . . . . žmogumi.

12 pratimas. Papildykite sakinius.

Pavyzdys:
Mergaitė žaidžia su . . . . lėle. – Mergaitė žaidžia su <u>maža gražia</u> lėle.

1. Vaikas nori . . . . ledų.

2. Tėvas šeštadienį susitiks su savo . . . . draugu.

3. Ateikite pas mus . . . . valandą.

4. Žinau, kad tu mėgsti . . . . rožes.

5. Rytoj su draugu žiūrėsime . . . . filmą.

6. Penktadienį išvyksiu į . . . . kelionę.

7. Noriu puodelio . . . . kavos.

8. Atsiprašau, ar turite . . . . kriaušių?

13 pratimas. Pažiūrėkite į šį miesto vaizdą. Papasakokite, ką matote paveiksliuke, vartodami vietos prieveiksmius: čia, ten, toli, arti, kairėje, į kairę ... ir prielinksnius.

14 pratimas. Skaitydami sakinius pabandykite surasti lobį. Pradėkite nuo Nr.6.

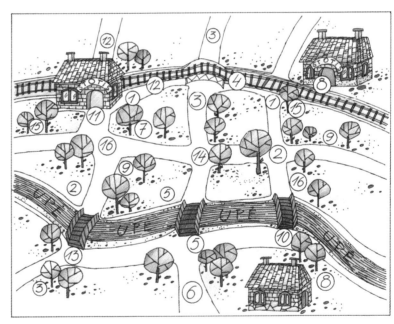

1. Eik į artimiausią stotį.
2. Eik tiesiai iki kito numerio.
3. Užlipk ant geležinkelio.
4. Pasuk į kairę ir eik palei geležinkelį iki kito numerio.
5. Pasuk dešinėn, eik iki sankryžos ir vėl pasuk į dešinę. Lobis yra po antru medžiu dešinėje.
6. Eik tiesiai, užlipk ant tilto, toliau eik tiesiai iki sankryžos.
7. Grįžk atgal iki to paties numerio ir paskaityk jį dar kartą.
8. Eik į artimiausią skverą iki numerio, kuris yra prie pirmo medžio dešinėje.
9. Daryk taip pat, kaip Nr.13.
10. Eik palei upę iki artimiausio tilto.
11. Įlipk į traukinį ir važiuok iki kitos stoties. Ten išlipk.
12. Atvažiuoja traukinys. Pasuk kairėn ir nulipk nuo geležinkelio.
13. Eik po tiltu iki numerio už tilto.
14. Pasuk į kairę ir eik iki antro medžio dešinėje.
15. Išeik iš skvero ir eik tiesiai link upės artimiausiu keliu iki numerio sankryžoje.
16. Tu pasiklydai.

15 pratimas. Perskaitykite skelbimus ir užpildykite lentelę, pagal kurią būtų lengva pasirinkti kelionę.

P O I L S I S KELIONIŲ AGENTŪRA

Vilniuje 22 44 86; Kaune 79 56 00; Klaipėdoje 21 70 06; 21 99 95; Šiauliuose 49 65 23; Panevėžyje 46 63 95.

K E L I O N Ė S   A U T O B U S U

AUSTRIJA	BUDAPEŠTAS	LONDONAS	PRAHA
06.14–06.18	06.17–06.22	08.11–08.20	05.28–06.01
07.05 –07.09	07.22–07.27	3 d. Londone,	06.29–07.03
2 d. Vienoje ir	3 d. Budapešte ir	2 d. Paryžiuje, 1 d. Prahoje,	3 d. Prahoje
1 d. Zalcburge.	1 d. Krokuvoje	1 d. Briuselyje	Kaina 359 Lt
Kaina 669 Lt	Kaina 399 Lt	Kaina 1299 Lt	

K E L I O N Ė S L Ė K T U V U			P O I L S I S
MALJORKA	ISPANIJA	EGIPTAS	LIETUVOS PAJŪRYJE. Žemos viešbučių kainos. Užsakome traukinio bilietus.
06.01–06.08	07.14–07.26	06.15–07.20	
Kaina 1995 Lt	Kaina 2240 Lt	Kaina nuo 2319 Lt	

Į kur?	Kada?	Kiek laiko?	Kaina	Transporto priemonė
. . . .	. . . .	. . . .	. . . .	. . . .
. . . .	. . . .	. . . .	. . . .	. . . .
. . . .	. . . .	. . . .	. . . .	. . . .
. . . .	. . . .	. . . .	. . . .	. . . .
. . . .	. . . .	. . . .	. . . .	. . . .
. . . .	. . . .	. . . .	. . . .	. . . .
. . . .	. . . .	. . . .	. . . .	. . . .

Darbas poromis. Kur patartumėte važiuoti Martynui per atostogas, kurios bus nuo birželio 15 d. iki liepos 25 d. Kodėl? Kur jūs norėtumėte važiuoti? Kodėl?

16 pratimas. Esamąjį veiksmažodžių laiką pakeiskite būsimuoju ir įrašykite mėnesių pavadinimus.

Pavyzdys.
(VI) mėnesį ji važiuoja į Rusiją. – Birželio mėnesį ji važiuos į Rusiją.

1. Šių metų (III) . . . . mėnesį mes keliaujame į dykumą.

2. Ar jūs (VIII) . . . . mėnesį esate namie?

3. Ji tuojau važiuoja į oro uostą ir skrenda į Daniją. Ten visą (VII) . . . . mėnesį turi dalyvauti parodose.

4. (I) . . . . mėnesį aš esu Lietuvoje, o (II) . . . . – jau Lenkijoje.

5. Mano sesuo (XII) . . . . mėnesį važiuoja į Graikiją.

6. Ar skrendame (X) . . . . mėnesį į Bulgariją?

17 pratimas. Pažiūrėkite į paveiksliukus. Parašykite, ką šie žmonės daro ir kokie jie yra dabar, o ką jie darys ir kokie bus rytoj.

Pavyzdys:

1. *Dabar*. *Birutė yra stiuardesė. Dabar ji dirba. Lėktuve daug keleivių. Birutė linksma. Ji neša gerti ir valgyti. Ji dėvi gražią uniformą.*

2. *Rytoj*. *Rytoj Birutė nedirbs. Ji smagiai žais krepšinį. Birutė bus linksma ir rytoj. Ji dėvės sportinę uniformą: treningus ir dryžuotus marškinėlius.*

Danutė ir Rimas dabar yra virtuvėje. . . . .

. . . .

. . . .

. . . .

. . . .

. . . .

. . . .

. . . .

Mokiniai dabar mokykloje . . . .

. . . .

. . . .

. . . .

. . . .

. . . .

. . . .

. . . .

Giedrė yra gydytoja. . . . .

. . . .

. . . .

. . . .

. . . .

. . . .

. . . .

. . . .

18 pratimas. Parašykite, ką jūs veiksite:

a) kitą savaitgalį . . . .

b) sausio mėnesį . . . .

c) per atostogas . . . .

d) po mėnesio . . . .

e) rytoj rytą . . . .

f) kitą vasarą . . . .

19 pratimas. Baikite dialogus būsimuoju laiku.

1. A Žinai, Asta ligoninėje.

   B Kaip gaila, aš . . . . jos aplankyti.

2. A Rytoj Ritos gimimo diena. Tu turi dovaną?

   B Ne, šiandien . . . .

3. A Visą dieną sninga.

   B Taip, sako, vasario mėnesį . . . . daug sniego.

4. A Aš niekaip negaliu atlikti namų darbo.

   B Nesijaudink, aš . . . .

5. A Tai einame rytoj į teatrą?

   B Gerai, aš . . . . bilietus.

6. A Šiandien bjaurus oras.

   B O rytoj . . . ., pasiimk skėtį.

7. A Ar žinai Jolantos telefono numerį?

   B Palauk, tuojau . . . .

20 pratimas. Pažiūrėkite į nuorodas kalendoriuje.
Įrašykite reikalingus žodžius.

Pavyzdys:
Šiandien (4) pirmadienis. Aš visada pirmadieniais einu į baseiną.

P	A	T	K	P	Š	S
			1	2	3	
4	5	6	7	8	9	10
11	12	13	14	15	16	17
18	19	20	21	22	23	24
25	26	27	28	29	30	

Šiandien (9) . . . . Mes visada . . . . važiuojame . . . . . . močiutę.

Rytoj (10) . . . . Jis visada . . . . eina . . . . šokių būrelį.

Vakar (8) buvo . . . . mama visada važiuoja . . . . savo seną draugę.

Poryt (11) . . . . tėvai dažnai eina . . . . . . koncertą.

Užporyt (12) . . . . Visada . . . . Kauno . . . . . . sesę atvažiuoja draugas.

Dabar (17) . . . . – visa šeima namie. Dažnai . . . . mama kepa pyragą.

(23) . . . . – puiki diena. Visada . . . . mes einame . . . . . . teatrą, kiną ar važiuojame . . . . . . draugus, ... gimines.

21 pratimas. Įrašykite trūkstamus žodžius ir atsakykite į klausimus.

1. Kelintą valandą eini . . . . . pamokas? – . . . .

2. Ar naujas žurnalas yra . . . . . stalo? – . . . .

3. . . . . . kuo važiuosime . . . . . teatrą? – . . . .

4. Kur yra universitetas? . . . . . Katedros aikštės? – . . . .

5. . . . . . kur taip vėlai grįžti namo? – . . . .

6. Ar susitiksime, kaip visada, ... Bokšto laikrodžio? – . . . .

7. Kur stovi Gedimino pilis? . . . . . kalno, ... Katedros? – . . . .

8. Kada tėvas grįžta . . . . . darbo? – . . . .

9. Ar taksi aikštelė yra . . . . . stoties ir skvero? – . . . .

10. Ar . . . . . parduotuvę reikia važiuoti . . . . . tiltą? –. . . . .

22 pratimas. Parinkite ir įrašykite tinkamą žodį. Su kiekvienu prielinksniu sugalvokite ir parašykite po savo sakinį.

Į, pas, per, pro, prieš, ant, prie, iš, už, tarp, po, su.

Pavyzdys:
Aš dažnai einu į kiną.

1. Kur katė? . . . . stalu. . . . .

2. Nueik . . . . parduotuvę. . . . .

3. Paštas yra . . . . banko ir parduotuvės. . . . .

4. Šeštadienį būtinai nuvažiuok

. . . . tėvus. . . . .

5. Žmogus lėtai eina . . . . tiltą. . . . .

6. Kai važiuoju troleibusu . . . . . . turgų, ...

visada . . . . vartų matau tą . . . .

liūdną žmogų. . . . .

7. Brolis grįžo . . . . Kauno. . . . .

8. Mano geras draugas gyvena

. . . . miesto. . . . .

9. . . . . stalo stovi vaza . . . . gėlėmis. . . . .

10. . . . . mano namus yra didelis parkas. . . . .

23 pratimas. Baikite sakinius. Žodžius galite pasirinkti iš apačioje pateiktų pavyzdžių.

Pavyzdys:

Sriubą reikia valgyti . . . . – Sriubą reikia valgyti <u>šaukštu</u>.

1. Visada rašau tik . . . .
2. Mėgstu keliauti . . . .
3. Vasarą Lietuvoje žmonės dažnai savaitgaliais plaukia . . . .
4. Didelius daiktus į naują butą vešime . . . .
5. Kuo tu paprastai šukuoji plaukus: . . . . ar . . . . ?
6. Sesė mokosi važiuoti . . . .
7. Mano draugė bijo skristi . . . .
8. Kaip valgyti šį pyragą: . . . . ar . . . . ?

Rankos, tušinukas, baidarės, šakutė, dviratis, sunkvežimis, mašina, šukos, lėktuvas, šepetys.

24 pratimas. Iš duotų žodžių sudarykite sakinius.

Pavyzdys:

Tėvas, į, eiti, namai. – <u>Tėvas eina į namus</u>.

1. Tu, gatvė, per, eiti. – . . . .
2. Mes, parduotuvė, važiuoti, pro. – . . . .
3. Jūs, stotelė, prie, stovėti. – . . . .
4. Brolis, paštas, būti, už. – . . . .
5. Jonas, eiti, tarp, Miglė ir Inga. – . . . .
6. Aš, tiltas, stovėti, ant. – . . . .
7. Tu ir Jurgis, eiti, teatras, į. – . . . .
8. Lina ir Aušra, kavinė, bėgti, pro. – . . . .
9. Aš ir tu, susitikti, knygynas, prie. – . . . .
10. Vyras ir žmona, būti, draugai, pas. – . . . .

25 pratimas. Parinkite ir įrašykite mano ar manęs, tavo ar tavęs.

1. Susipažink, čia . . . . draugas.
2. Išvažiuoji į Prancūziją? Pasiilgsiu . . . .
3. Ar . . . . brolis dabar Anglijoje?
4. Tu neklausk . . . . apie egzaminą. Aš labai nervinuosi.
5. Ar . . . . tėvas jau sveikas?
6. Kodėl rytoj . . . . nebus?
7. Vakare . . . . nelaukite, aš grįšiu vėliau.
8. . . . . mašina žalia.

26 pratimas. Įrašykite tinkamą žodžio formą ir patvirtinkite arba paneikite.

Pavyzdys:

Ar tu kalbėjai su (Martynas) <u>Martynu</u>? – <u>Taip, su juo.</u> / <u>Ne, ne su juo.</u>

1. Ar prie jūros važiuosi su (*tėvai*) . . . . ? – . . . .

2. Ar į teatrą eisi su (*sesė*) . . . . ? – . . . .

3. Ar į seminarą eisi su (*profesorius*) . . . . ? – . . . .

4. Ar į kiną važiuosite su (*draugai*) . . . . ? – . . . .

5. Ar berniukai žais su šiomis (*mergaitės*) . . . . ? – . . . .

6. Ar slidinėsi su šiomis (*slidės*) . . . . ? – . . . .

7. Ar keliausi su šiuo (*dviratis*) . . . . ? – . . . .

8. Ar aš turėsiu dirbti su (*tu*) . . . . ? – . . . .

9. Ar nori pakalbėti su (*aš*) . . . . ? – . . . .

27 pratimas. Parinkite ir įrašykite tinkamą žodžio formą.

Pavyzdys:

Tu turi brolį? Aš nepažįstu (tavęs, tavo, savo) . . . . brolio. Aš nepažįstu <u>tavo</u> brolio.

1. Nesuprantu (*tavo, tavęs, tavimi*) . . . .

2. Panele, aš (*jus, jūs, jumis*) . . . . labai myliu.

3. Prašau, nebark (*manęs, mane, manimi*) . . . .

4. Su (*jumis, jus, jūs*) . . . . labai linksma.

5. Šie tavo draugai labai įdomūs žmonės. Ar tu (*jie, juos, jais*) . . . . seniai pažįsti?

6. Tas knygas paskolinsiu Liudui. Paduok (*jas, jos, jomis*) . . . .

7. Draugai visada tiki (*manęs, manimi, mane*) . . . .

8. Ateik vakare pas (*manęs, manimi, mane*) . . . .

9. Tavo draugai iš Vokietijos dabar Vilniuje? Pakviesk (*juos, jas, jie*) . . . . į svečius.

10. Aš (*tavimi, tavo, tavęs*) . . . . klausiu, kada turėsi laiko susitikti.

11. Ar gerai (*manęs, manimi, mane*) . . . . girdite?

28 pratimas. Apibūdinkite, kokie yra šie žmonės. Šiai merginai reikia susitikti su vaikinu. Jie nepažįstami, bet telefonu papasakoja vienas kitam, kaip atrodys ir kur susitiks. Klausydami teksto, paveiksliuke pažymėkite tas detales, kurios neatitinka tiesos.

29 pratimas. Pasakykite pagal pavyzdį, kuo kas keliauja.

Pavyzdys:
Aš, mašina. – Aš važiuoju mašina.

30 pratimas. Pasakykite pagal pavyzdį, kas su kuo kalba.

Pavyzdys:
Aš, tu. – Aš kalbu su tavimi.

31 pratimas. Pasakykite pagal pavyzdį.

Pavyzdys:
Šiandien aš rašau laišką. – Rytoj aš rašysiu laišką.

32 pratimas. Paklausykite ir parašykite, kurį garsą girdite.

1. ė – ie   1. . . . ., 2 . . . . ., 3 . . . . ., 4 . . . . . .
2. o – uo   1. . . . ., 2 . . . . ., 3 . . . . ., 4 . . . . . .
3. i – ė   1. . . . ., 2 . . . . ., 3 . . . . ., 4 . . . . . .
4. ie – ei   1. . . . ., 2 . . . . ., 3 . . . . ., 4 . . . . . .
5. uo – au   1. . . . ., 2 . . . . ., 3 . . . . ., 4 . . . . . .

33 pratimas. Paklausykite ir pažymėkite, kuriuose sakiniuose girdite šiuos žodžius.

A.
Kelias – . . . .
Keliaus – . . . .
Kalnas – . . . .
Kelnės – . . . .

B.
Mėsa – . . . .
Miestas – . . . .
Maistas – . . . .
Mąsto – . . . .

C.
Skaitykla – . . . .
Skalbykla – . . . .
Keitykla – . . . .
Valgykla – . . . .

34 pratimas. Paklausykite ir pabraukite kirčiuotus skiemenis.

<u>Mies</u>tas, transportas, dviratis, mašina, autobusas, traukinys, lėktuvas, važiuoti, skristi, laivas, šaligatvis, šviesoforas, restoranas, biblioteka, baseinas, gamykla, turgus, sunkvežimis, atostogauti, pasivaikščioti.

35 pratimas. Pabandykite pasakyti greitai.
Jonas joja ir dainuoja, kad net kojos tabaluoja.

SEPTINTOJI PAMOKA

1 pratimas. Raskite poras:

1. Norėčiau pamatyti Romą.
2. Man labai patinka keliauti.
3. Tavo bičiulis tikras kvailys.
4. Man sunku studijuoti lietuviškai.
5. Man trūksta dviejų litų tai knygai.
6. Ar gali paskolinti savaitgaliui savo mašiną?
7. Man reikia bilieto į teatrą.
8. Būtų gerai pailsėti prie jūros.
9. Aš noriu namo.
10. Man labai šalta.

A. Ar gramatiką?
B. Man labai gaila, bet ne.
C. Aš nenorėčiau – pajūryje dabar šalta.
D. O, tai nuostabus miestas!
E. Aš taip pat mėgstu keliones.
F. Gal apsirenk megztinį?
G. Ko neini?
H. Tiek nedaug? Galiu paskolinti.
I. Kokį spektaklį nori pamatyti?
J. Man nemalonu, kad tu taip sakai.

2 pratimas. Draugas kažką sakė, bet jūs gerai neišgirdote. Paklauskite, kad būtų pakartota.

Pavyzdys:
Kas tau patinka? – Man patinka Vilnius.

1. . . . .
   Jonui trūksta laisvo laiko.

2. . . . .
   Naujos mašinos reikia tėvui.

3. . . . .
   Man reikia obuolių pyrago recepto.

4. . . . .
   Į Kauną važiuosime traukiniu.

5. . . . .
   Rumšiškės yra prie Kauno.

6. . . . .
   Pinigų namui pirkti trūksta Dariui.

7. . . . .
   Tą baltą staltiesę dovanosiu mamai.

8. . . . .
   Šeštadienį į teatrą eisiu su draugais.

9. . . . .
   Savaitgalį su broliu važiuosime prie jūros.

10. . . . .
    Būtų gerai pavalgyti.

3 pratimas. Jūs pirkote mažą dviejų kambarių butą. Pasitarkite su draugu ir apstatykite jį.

Pavyzdys:
Kur statyti lovą? – Lovą statyk miegamajame prie lango.

4 pratimas. Sudarykite kuo daugiau sakinių.

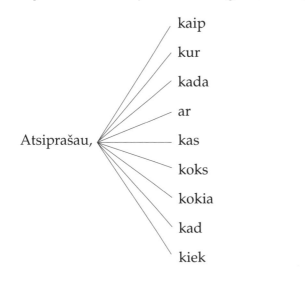

Atsiprašau,

kaip
kur
kada
ar
kas
koks
kokia
kad
kiek

šiandien diena?
galėčiau paklausti?
galėtų man padėti?
galėčiau rasti direktorių?
nesuprantu.
kilometrų iki Palangõs?
nueiti į universitetą?
gal galite paaiškinti dar kartą.
teatre bus premjera?
troleibusas važiuoja į stotį?
gal pakartotumėte.
vėluoju.

5 pratimas. Paklauskite panašios informacijos. Atsakykite į klausimus.

Pavyzdys:
Pirmame aukšte yra prieškambaris ir virtuvė. (antras aukštas) – Kas yra antrame aukšte? Svetainė ir vaikų kambarys.

1. Jis turi dviejų kambarių butą. (*ji*) ....

2. Ant stalo stovi trys puodeliai ir vaza. (*ant spintelės*). ....

3. Tėvas parvažiuos pirmą valandą. (*brolis*) ....

4. Sviestas kainuoja du litus. (*pienas*) ....

5. Mano brolis dirba pašte. (*sesuo*) ....

6. Čia draugo mašina. (*motociklas*) ....

7. Kėdė yra virtuvėje. (*stalas*) ....

8. Mašina važiuoja greitai. (*dviratis*) ....

6 pratimas. Sujunkite būdvardžius su daiktavardžiais.

stalas   minkštas
fotelis   blokinis
užuolaida   medinė
butas ———————————— jaukus
dušas   aštrus
namas   gėlėta
lentyna   apvalus
gėlė   šaltas
peilis   kambarinė

7 pratimas. Perskaitykite skelbimus. Sujunkite tuos, kurie tiktų vienas kitam.

PERKU

| PARDUODU |

3–4 kambarių butą. Viršuliškėse, Pilaitėje, Pašilaičiuose nesiūlyti. Tel. 62 38 56.

Patalpas kontorai, parduotuvei senamiestyje, Pilies gatvėje. Tel. 62 33 45.

2 kambarių butą III aukšte, geroje vietoje Žirmūnuose. Tel. 42 71 88.

Namą prie ežero 30 km nuo Vilniaus. Tel. 61 38 72.

1 kambario butą Šeškinėje arba Fabijoniškėse. Tel. 71 28 00.

2 kambarių butą II aukšte Karoliniškėse (yra telefonas). Tel. 77 23 32.

1 ar 2 kambarių butą arba žemės sklypą su namu iki 50 km nuo Vilniaus. Tel. 22 15 81.

Butus: nebrangiai 1 ir 2 kambarių Žirmūnuose, 3 kambarių Justiniškėse. Tel. 48 44 61.

Sodybą gražioje vietoje, netoli Vilniaus. Tel. 62 20 74.

Butus: 1 kambario Šeškinėje, 2 kambarių Fabijoniškėse, 3 kambarių Karoliniškėse. Tel. 42 56 62.

Patalpas parduotuvei geroje vietoje, Vilniaus centre. Tel. 75 43 24.

Medinį namą su 30 a. žemės sklypu Avižieniuose. Yra garažas, telefonas. Tel. 42 28 87.

Gerą 4–5 kambarių butą su garažu netoli centro. Tel. 35 65 11.

4 kambarių butą per 2 aukštus Pašilaičiuose. Yra garažas. Tel. 77 40 17.

Namą Vilniuje arba netoli Vilniaus. Be garažo nesiūlyti. Tel. 45 54 54.

5 kambarių butą Žvėryne su garažu kieme. Butas III aukšte. Tel. 77 46 88.

8 pratimas. Perskaitykite sakinius; paryškintus žodžius pakeiskite taip, kad jie reikštų būsenas.

Pavyzdys:
Tavo draugas labai geras. – *Taip, man su juo tikrai <u>gera</u>.*

1. Koks *įdomus* romanas! – Taip, tikrai . . . . jį skaityti.

2. Šitas miškas labai *gražus*. – Taip, čia labai . . . .

3. Koks *malonus* žmogus tavo direktorius. – Taip, man su juo visada . . . . bendrauti.

4. Tavo gimtadienis šįkart labai *linksmas*. – Taip, atrodo, kad visiems tikrai . . . .

5. Mūsų kaimyno šuo labai *piktas*. – Man . . . . , kad tą šunį leidžia vieną į kiemą.

6. Koks *nuobodus* filmas. – Tikrai, žiūrėk, žiūrovams salėje . . . .

7. Šiandien *šalta* diena. – Man taip pat labai . . . .

8. Šią vasarą jūros vanduo labai *šiltas*. – Taip, šią vasarą iš tikrųjų . . . .

9. Tas vyras labai *nemandagus*. – Bet . . . . taip kalbėti apie žmogų, kurio nepažįsti.

10. Koks *mielas* vaikas. – Taip, ... žaisti su mažais vaikais.

9 pratimas. Perskaitykite ir sudėkite teksto pastraipas eilės tvarka.

Į svečius

A.
Man sekasi – senutės visada viską žino. Laima gyvena toje pačioje laiptinėje ketvirtame aukšte į kairę. Užlipu aukštyn ir laimingas spaudžiu durų skambutį.

B.
Vakar pašto dėžutėje buvo mano draugės Laimos laiškas. O jame tik keli žodžiai: „Aš turiu naują butą, kviečiu į svečius. Labai lauksiu šeštadienį 18.00 val. Sudiev. Laima." Ir adresas.

C.
Ką daryti? Namas naujas, gyventojai vienas kito dar nepažįsta. Užeinu į pirmą laiptinę. Paskambinu prie trečio buto durų. Jas atidaro miela senutė.
– Atsiprašau, ponia, gal pasakysite, kur gyvena Laima Rudytė. Nežinau buto numerio.

D.
Šeštadienį iš ryto ruošiuosi į svečius. Gražiai supakuoju dovanėlę, surišu raudonu kaspinėliu (Laimai labai patinka raudona spalva). Nuperku gėlių puokštę. Iš namų išeinu anksčiau, nes nežinau, ar lengvai rasiu Laimos namą.

E.
Labai noriu draugę susitikti. Įdomu apžiūrėti jos naują butą. Bet, kai eini į svečius į naują butą, reikia nešti nors mažą dovanėlę. Tradicija yra tradicija. Turiu nupirkti dovaną ir gėlių.

F.
Puiku – draugės namas matyti iš troleibuso stotelės. Reikia rasti tik laiptinę. Bet tai nesunku. Dar kartą pažiūriu į kvietimą. O dangau, – yra tik gatvės pavadinimas ir namo numeris. O butas? Koks buto numeris?

1. . . . .   3. . . . .   5. . . . .

2. . . . .   4. . . . .   6. . . . .

10 pratimas. Parinkite tinkamą žodį ir įrašykite į sakinius.

Kartu, malonu, įdomus, šlapias, kartus, įdomu, keista, maloni, šlapia.

1. Kaip . . . . , kad tave sutikau.

2. Šiemet labai . . . . ruduo.

3. Nuo kažko man burnoje . . . . – labai nemalonu.

4. Šiandien lauke labai . . . .

5. Man patinka . . . . šokoladas.

6. Tavo mama labai . . . . moteris.

7. Koks . . . . paveikslas.

8. Man visada . . . . bendrauti su dailininkais.

9. . . . . , kad tu nemėgsti ledų ir torto.

11 pratimas. Iš šių žodžių sudarykite sakinius.

Pavyzdys:
Aš, reikėti, peilis. – Man reikia peilio.

1. Brolis, trūkti, stiklinė ir lėkštė. – . . . .

2. Tėvas, patikti, sūnus, butas. – . . . .

3. Sesė, reikėti, pinigai. – . . . .

4. Aš, patikti, Vilnius, senamiestis. – . . . .

5. Jurgis, pirkti, naujas, paveikslas. – . . . .

6. Prie, namas, būti, didelis, sodas. – . . . .

7. Vaikas, reikėti, dviratis. – . . . .

8. Butas, trūkti, nauji, baldai. – . . . .

9. Mes, norėti, šokoladinis, tortas. – . . . .

12 pratimas. Pažiūrėkite į paveiksliuką ir parašykite kuo daugiau klausimų, kas kur yra. Atsakykite į juos.

Pavyzdys:
Kur yra paveikslas? – Paveikslas yra ant sienos.

1. . . . .

2. . . . .

3. . . . .

4. . . . .

5. . . . .

6. . . . .

7. . . . .

8. . . . .

9. . . . .

10. . . . .

11. . . . .

13 pratimas. Dvi minutes atidžiai žiūrėkite į paveiksliuką. Užverskite knygą ir parašykite kuo daugiau sakinių apie tai, ką matėte.

14 pratimas. Džonui labai sunku mokytis lietuvių kalbos. Apie tai jis parašė laiške savo draugui Mikui. Štai Miko atsakymas; baikite jį, įrašydami veiksmažodžių tariamąją nuosaką.

Sveikas, Džonai,

Rašai, kad lietuvių kalba labai sunki. Aš (*manyti*) . . . . , kad gramatika nėra tokia

sudėtinga, kaip (*galėti*) . . . . pasirodyti iš pirmo žvilgsnio. Jei aš (*studijuoti*)

. . . . šią kalbą, (*norėti*) . . . . daug kalbėti su lietuviais. Ir visai man (*būti*)

. . . . nesvarbu, kad iš pradžių žodžius (*sakyti*) . . . . netaisyklingai.

Svarbu, kad žmonės mane (*suprasti*) . . . . Linkiu tau sėkmės!

Mikas

15 pratimas. Įrašykite suskliaustų žodžių naudininkus.

(Aš) . . . . patinka daug skaityti. Aš visada pavydžiu (*brolis Arnas*) . . . .

. . . . , kad jis turi daug knygų. Brolis pataria (*draugai*) . . . . , ką skaityti.

Jis skolina (*bičiuliai*) . . . . knygas. Bet kartais jie pamiršta (*brolis*) . . . .

jas atiduoti. Šeštadienį bus brolio gimtadienis, todėl aš noriu nupirkti (*jis*) . . . . dovanų

gerą knygą.

Bet (*ta*) . . . . (*knyga*) . . . . nupirkti reikia 30 litų, o aš tiek neturiu. Paprašysiu

mamos, kad paskolintų (*aš*) . . . . pinigų. Aš juos (*mama*) . . . . grąžinsiu,

kai tik turėsiu.

16 pratimas. Pažiūrėkite į paveiksliuką ir pasakykite, kuriame kambaryje labiausiai mėgsta būti Manto draugė Jurga. Ar tai tas kambarys, kuris yra prie laiptų, ar tas, kuriame nėra spintos, kaba paveikslai, ar tas kambarys, kuriame nėra laikrodžio, langas be užuolaidų ir stovi spintelė?

17 pratimas. Parinkite ir įrašykite tinkamą žodžio formą.

Pavyzdys:
Žinau, kad parašei naują knygą. Padovanok (ją, ja, jai) . . . (man, mane, manimi) . . . – Padovanok ją man.

1. Labai malonu su (*jums, jumis, jus*) . . . . susipažinti.

2. Aš (*tu, tau, tave*) . . . . rytoj paskambinsiu.

3. Išvažiuoji į Paryžių? Kada mes (*tavęs, tau, tave*) . . . . vėl pamatysime?

4. Žinai, tu visai nepažįsti (*mane, manęs, mano*) . . . .

5. Ar (*jumis, jus, jums*) . . . . patinka mano paveikslai?

6. Jie dažnai rašo (*mums, mumis, mus*) . . . . laiškus,

   o kartais ir atvažiuoja į svečius pas (*mums, mumis, mus*) . . . .

7. Kaip pas (*mums, mus, mūsų*) . . . . patinka (*tavęs, tavo, tau*) . . . .

   naujiems draugams? Ar (*jie, jiems, juos*) . . . . linksma?

8. (*Man, mano, mane*) . . . . nepatinka, kad tu imi (*man, mano, mane*) . . . .

   daiktus.

18 pratimas. Parinkite ir įrašykite tinkamą žodį.

Jus, tu × 3, jums, mūsų, aš, jumis, manęs, man × 2, joms, jais, tavo × 2.

1. Tas namas yra . . . . šeimos.
2. Kada galėsiu pakviesti . . . . papietauti?
3. Norėčiau su . . . . susipažinti.
4. Kam . . . . reikia tiek daug daiktų?
5. Ką . . . . nori . . . . pasakyti?
6. . . . . draugai – labai puikūs žmonės. . . . . su . . . . labai įdomu.
7. Ką . . . . veiksi šeštadienį?
8. Nelaukite . . . . , ... vėluosiu.
9. Čia laiškas . . . . draugėms? Ką . . . . rašai?

19 pratimas. Parašykite sakinių su šiais veiksmažodžiais.

Pavyzdys:
Rašyti – kam? ką? <u>Aš rašau broliui laišką.</u>

Dėkoti – kam? už ką? . . . .

Duoti – kam? ką? . . . .

Skambinti – kam? kodėl? . . . .

Pasakoti – kam? ką? . . . .

Siųsti – kam? ką? . . . .

Siūlyti – kam? ko? . . . .

Dovanoti – kam? ką? . . . .

Pirkti – kam? ką? . . . .

Virti – kam? ką? . . . .

Kepti – kam? ką? . . . .

Atstovauti – kam? . . . .

20 pratimas. Vietoj paveiksliukų ir skaičių parašykite žodžius.

| 1. *Kambaryje yra* (6) <u>*šešios kėdės*</u> | 2. Ant sienos kaba (4) . . . . | 3. Prie lango stovi (1) . . . . | 4. Lentynoje yra (12) . . . . | 5. Ant palangės (3) . . . . |

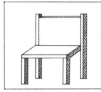 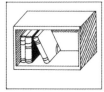 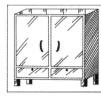  

6. Stalčiuje yra (24) . . . . ir	7. Spintelėje (24)	8. Po kėde guli (2)	9. Prie namo matau (7)	10. Ant grindų sėdi (3) . . . .

21 pratimas. Parašykite, ką darytų tavo pažįstami, jei ...

1. Jei šiandien lytų, tai mano draugas . . . .

2. Jei sekmadienį grįšiu namo vėlai, tai tėvas . . . .

3. Jei gautų dovanų šunį, tai mano draugė . . . .

4. Jei turėtų pinigų, tai vienas geras draugas . . . .

5. Jei turėsiu laiko, tai. . . . .

6. Jei . . . . , tai . . . .

7. . . . . , tai tėvas ilgai skaitytų.

8. . . . . , tai mama nueitų į parduotuvę.

9. . . . . , tai aš važiuočiau pas draugus.

10. . . . . , tai sesė tikrai gulėtų lovoje.

22 pratimas. Parašykite, koks atstumas tarp šių miestų, pavartokite konstrukciją nuo ... iki ...

Pavyzdys:
Vilnius – Kaunas 100 km. – Nuo Vilniaus iki Kauno yra šimtas kilometrų.

1. Vilnius – Klaĩpėda 300 km. – . . . .

2. Marijámpolė – Vilnius 130 km. – . . . .

3. Šiauliaĩ – Panevėžỹs 70 km. – . . . .

4. Alytùs – Vilnius 110 km. – . . . .

5. Ukmergẽ̃ – Utenà 67 km. – . . . .

6. Panevėžỹs – Pasvalỹs 38 km. – . . . .

7. Palangà – Klaĩpėda 25 km. – . . . .

23 pratimas. Atsakykite į klausimus, laiką pasakykite vartodami konstrukciją *nuo ... iki ...*

Pavyzdys:
Kada tu pietauji? – <u>Aš pietauju nuo pirmos iki antros</u>.

1. Kada tu miegi? ....

2. Kada tu dirbi? ....

3. Kada tavo poilsio dienos? ....

4. Kada tu būsi Lietuvoje? ....

5. Kada studijuoji? ....

24 pratimas. Klausydami teksto, pažymėkite, kur kambaryje yra koks svečias. Žemiau parašykite, ką svečiai veikia.

1. Virginija Stumbrienė ....

2. Linas Stumbrys ....

3. Saulius Šernas ....

4. Irena Briedienė ....

5. Kęstas Briedis ....

6. Aldona Kiškienė ....

7. Jonas Kiškis ....

8. Miglė Vilkienė ....

9. Petras Vilkas ....

25 pratimas. Pasakykite pagal pavyzdį.

Pavyzdys:
Aš noriu ledų. – Aš norėčiau ledų.

26 pratimas. Pasakykite pagal pavyzdį, kas kam patinka.

Pavyzdys:
aš, teatras. – Man patinka teatras.

27 pratimas. Paklausykite ir pažymėkite, kuriuose sakiniuose girdite šiuos žodžius.

A	B	C
Laiptai –	Paklodė –	Sodas – . . . .
Lapai –	Anklodė –	Stogas – . . . .
Liftas –	Atrodė –	Puodas – . . . .
Lipti –	Veidrodis –	Juodas – . . . .

28 pratimas. Paklausykite ir pabraukite kirčiuotus skiemenis.

Pa<u>klo</u>dė, antklodė, pagalvė, užuolaida, palangė, garažas, mašina, šampūnas, rankšluostis, staltiesė, paveikslas, lempa, kilimas, keptuvė, šaukštelis, lėkštutė, arbatinis.

29 pratimas. Paklausykite ir įrašykite praleistas raides.

S . . . na, kriaukl . . . , kr . . . mas, p . . . lis, k . . . ptuvė, k . . . dė, m . . . dis, lėkšt . . . , s . . . na, g . . . lė, šv . . . sa, k . . . tykla, k . . . mas.

Už . . . laida, veidr . . . dis, rankšl . . . stis, v . . . nia, j . . . kas, s . . . das, p . . . delis, . . . ga, dub . . . , m . . . kykla, j . . . das, p . . . nas.

30 pratimas. Pabandykite pasakyti greitai.

Žuvys žaidžia ežere.

AŠTUNTOJI PAMOKA

1 pratimas. Raskite poras.

1. Kaip manai, ar šiandien reikia skėčio?
2. Kokia tavo nuomonė apie tą naują filmą?
3. Kur, tavo nuomone, Vilniuje galima linksmai praleisti laiką?
4. Ar sutinki, kad Dariaus darbas prastas?
5. Ar tu manai, kad šiandien šalta?
6. Mums reikia naujos mašinos.
7. Ar pritari mano nuomonei, kad to dailininko paveikslai labai įdomūs?

A. Atleisk, šio miesto nepažįstu.
B. O taip, aš manau, megztinio tikrai reikia.
C. Atleisk, aš nesu tos pačios nuomonės. Manau, kad yra įdomesnių.
D. Kategoriškai prieštarauju. Yra reikalingesnių dalykų.
E. Pagal mane, nelis.
F. Ne, nesutinku. Mano nuomone, jame daug įdomaus.
G. Maniau, kad bus daug įdomesnis.

2 pratimas. Perskaitykite atsakymus ir parašykite klausimų pabaigą.

Pavyzdys:
Kaip tu manai, kas tai padarė? Jonas.

1. Kaip tu manai, ...
   Vilniuje.
2. Kaip tu manai, ...
   Todėl, kad sirgo.
3. Ką, tavo nuomone, ...
   Atsiprašyti.
4. Ką, tavo nuomone, ...
   Duonos ir dešros.
5. Koks, tavo nuomone, ...
   Rytoj bus gražu.
6. . . . .
   Aš nesutinku. Ta knyga labai įdomi.
7. . . . .
   Ne, taip nemanau. Tas žmogus labai geros širdies.
8. . . . .
   Manyčiau, kad tu teisus.

3 pratimas. Pažiūrėkite į paveiksliukus ir papasakokite profesoriaus Petrulio istoriją.

1. Kai jam buvo 10 metų. ...

2. Kai jam buvo 20 metų. ...

3. Kai jam buvo 40 metų. ...

4 pratimas. Pažiūrėkite į paveiksliukus, suraskite 10 skirtumų ir parašykite juos.

1. . . . .

2. . . . .

3. . . . .

4. . . . .

5. . . . .

6. . . . .

7. . . . .

8. . . . .

9. . . . .

10. . . . .

5 pratimas. Raskite poras.

pirštas	skrybėlė
kaklas	akiniai
plaukai	pirštinės
galva	auskarai
koja	žiedas
nosis	lakas
rankos	šalikas
ausis	šukos
nagai	batas

6 pratimas. Laipsniuodami prieveiksmius, „užlipkite" ar „nulipkite" laipteliais. Sugalvokite su šiais žodžiais sakinių.

Pavyzdys:

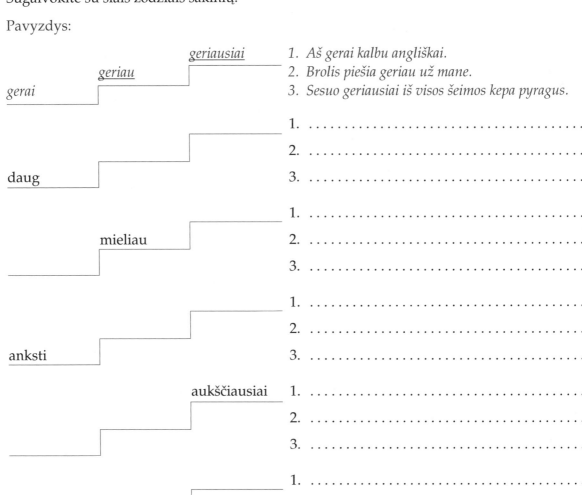

1. *Aš gerai kalbu angliškai.*
2. *Brolis piešia geriau už mane.*
3. *Sesuo geriausiai iš visos šeimos kepa pyragus.*

1. . . . .
2. . . . .
3. . . . .

1. . . . .
2. . . . .
3. . . . .

1. . . . .
2. . . . .
3. . . . .

1. . . . .
2. . . . .
3. . . . .

1. . . . .
2. . . . .
3. . . . .

1. . . . .
2. . . . .
3. . . . .

7 pratimas. Parinkite ir įrašykite žodžius iš lentelės.

Daug, toliausia, daugiausia, brangesnė, toli, saldžiai, trumpesnė, saldesnės, daugiau, toliau, pigiau, trumpiau, brangiau, labiau.

1. Ta mašina . . . . už aną.

2. Aš už savo butą mokėjau . . . . negu tu; tu mokėjai daug . . . .

3. Žiemą diena daug . . . . už naktį, bet tai nereiškia, kad žmonės dirba . . . .

4. Kriaušės yra . . . . už obuolius, bet obuolius aš mėgstu . . . .

5. Jonas gyvena . . . . nuo centro, Jurga dar . . . . , o aš . . . .

6. Vaikai mėgsta valgyti . . . .

7. Šeštadienį namuose aš dirbau . . . . , tėvas dar . . . . ,

   o mama . . . . iš visų.

8 pratimas. Baikite sakinius.

Pavyzdys:
Tavo tušinukas toks kaip mano.

1. Sesės suknelė tokia pat . . . .

2. Mano brolis panašus į . . . .

3. Ta mergina panaši . . . .

4. Aš jaunesnis . . . .

5. Mano senelis iš visų . . . .

6. Kupranugaris truputį panašus . . . .

7. Kalva mažesnė . . . .

8. Medis storesnis negu . . . .

9. Katė greitesnė . . . . , o kiškis . . . . visų.

10. Tavo noras . . . . mano.

9 pratimas. Parašykite sakinius pagal pavyzdį.

Pavyzdys:
Berniukas stipresnis už mergaitę. Mergaitė silpnesnė negu berniukas.

1. Aš aukštesnis už ją. Ji . . . .

2. Lėktuvas greitesnis negu traukinys. Traukinys . . . .

3. Anūkas mažesnis už anūkę. Anūkė . . . .

4. Kriaušė saldesnė negu obuolys. Obuolys . . . .

5. Prancūzija didesnė už Lietuvą. Lietuva . . . .

6. Citrina rūgštesnė negu apelsinas. Apelsinas . . . .

7. Mašina brangesnė už dviratį. Dviratis . . . .

8. Vasara šiltesnė už pavasarį. Pavasaris . . . .

9. Gedimino prospektas platesnis už Pilies gatvę. Pilies gatvė . . . .

10. Paltas storesnis negu megztinis. Megztinis . . . .

10 pratimas. Sudarykite sakinius.

Pavyzdys:
Dažniausia pavardė Lietuvoje yra Kazlauskas.

aukščiausias				Kazlauskas
didžiausias	žemynas			Everestas
ilgiausias	kalnas			Nemunas
mažiausias	upė	pasaulyje		Nilas
giliausias	viršukalnė	Lietuvoje → yra	Ramusis
aukščiausia	vandenynas	Europoje		Baikalas
didžiausia	ežeras			Australija
dažniausia	pavardė			Drūkšių
ilgiausia				

11 pratimas. Sugalvokite sakinių su šiais žodžiais.

per aukštai
<u>Mano nuomone, lentyna yra per aukštai.</u>

per brangiai

. . . .

per sunkiai

. . . .

per mažai

. . . .

per daug

. . . .

per ilgai

. . . .

per trumpai

. . . .

per aukštas
<u>Aš manau, tas stalas yra per aukštas vaikams.</u>

per brangus

. . . .

per sunkus

. . . .

per mažas

. . . .

per didelis

. . . .

per ilgas

. . . .

per trumpa

. . . .

12 pratimas. Parašykite 5 sakinius apie tai, ką jūs darėte vakar, ir 5 sakinius apie praėjusią savaitę.

vakar

. . . .

. . . .

. . . .

. . . .

. . . .

praėjusią savaitę

. . . .

. . . .

. . . .

. . . .

. . . .

13 pratimas. Parašykite pagal pavyzdį.

Pavyzdys:
Šiandien lyja. <u>Vakar taip pat lijo</u>.

Kai aš čia atvažiuoju, visada sninga.	Vakar . . . .
Jie visada	Vakar jie važiavo prie ežero.
Mes kasdien geriame baltą kavą.	Vakar . . . .
Šiemet	Pernai buvo šalta žiema.
Rytais aš visada verdu košę.	Vakar . . . .
Jūs visada	Užvakar jūs ilgai miegojote.

14 pratimas. Parašykite bendratį.

Girdėjo –	Sakė – . . . .
Gimė –	Mokėjo – . . . .
Važiavo –	Baigė – . . . .
Ėjo –	Norėjo – . . . .
Ėmė –	Davė – . . . .

15 pratimas. Sujunkite esamojo ir būtojo kartinio laiko formas.

Ėjo	mokėjo
Rašo	myli
Turi	važiavo
Galvoja	miega
Mėgo	yra
Mylėjo	turėjo
Važiuoja	mėgsta
Moka	galvojo
Miegojo	eina
Buvo	rašė

16 pratimas. Parašykite trūkstamas formas.

Ką veikti? eiti	Dabar *eina*	Vakar *ėjo*	Rytoj *eis*
. . . .	. . . .	. . . .	neš
. . . .	darau	. . . .	. . . .
. . . .	. . . .	važiavai	. . . .
būti	. . . .	. . . .	. . . .
. . . .	. . . .	. . . .	tylėsime
. . . .	mėgstate	. . . .	. . . .
. . . .	. . . .	. . . .	miegosi
valgyti	. . . .	. . . .	. . . .
. . . .	. . . .	lijo	. . . .

17 pratimas. Parašykite žodžiais, kiek metų šiems žmonėms? Kelintais metais jie gimė? Pasakykite, kelintais metais gimė jūsų giminaičiai. Kiek metų jiems dabar?

Pavyzdys:
Jonas – 5. Jonui yra penkeri metai. / Jonas yra penkerių metų.

Jurga – 2. . . . .

Motiejus – 15. . . . .

Marytė – 26. . . . .

Kazimieras – 58. . . . .

Daiva – 33. . . . .

Aš – . . . .

18 pratimas. Perskaitykite. Paruoškite trumpą pasakojimą, paminėkite kelias savo miestui ar valstybei reikšmingas datas.

1. Kunigaikštis Gediminas 1323 metais įkūrė Vilnių, Lietuvos sostinę.
2. Kunigaikštis Jogaila 1387 metais pakrikštijo Lietuvą.
3. 1410 metais įvyko Žalgirio mūšis.
4. 1522 metais Pranciškus Skoryna įkūrė pirmą spaustuvę Lietuvoje.
5. 1979 metais Vilniuje jėzuitų vienuoliai įkūrė universitetą.
6. Martynas Mažvydas 1547 metais išleido pirmą lietuvišką knygą.
7. 1570 metais pasirodė pirmas Vilniaus miesto planas.

19 pratimas. Parašykite skaičius žodžiais.

Mielas Herbertai!

Štai aš ir vėl, kaip prieš (5) . . . . metus, Vilniuje. Jau (7) . . . . dienos sėdžiu viena viešbutyje, bet esu laiminga, nes sutikau senus draugus, su kuriais praleidau daug laiko. Net (3) . . . . metus jų nemačiau. Kaip greitai bėga laikas! Tiesa, tu nežinai, kad aš čia turiu jau apie (10) . . . . gerų pažįstamų. Dažnai juos prisimindavau namuose, bet bendravome tik laiškais. Aš tau pasakojau apie Vilniaus katedrą. Žinai, jau (2) . . . . kartus ten buvau – mane labai traukia ta vieta. Noriu nuvažiuoti ant aukščiausio Lietuvos kalno – Juozapinės. Tu juokeisi – aukščiausias kalnas, o nėra nė (300) . . . . metrų. Bet kaip ten gražu! Kaip ir prie ežerų, kurių Lietuvoje daugiau kaip (3000) . . . . Tik ten aš tikrai puikiai pailsiu.

Iki.
Juta

20 pratimas. Baikite rašyti sakinius.

1. Papasakok man apie . . . .
2. Vakar ilgai galvojai apie . . . .
3. Seniai svajoju apie . . . .
4. Pakalbėkime apie . . . .
5. Apie ką skaitai? – Skaitau apie . . . .
6. Apie ką rašysi mamai laiške? . . . .
7. Ką manai apie . . . .

21 pratimas. Užpildykite lentelę.

vyriškoji giminė	moteriškoji giminė	vyriškoji giminė	moteriškoji giminė
prosenelis	. . . .	pusbrolis	. . . .
. . . .	močiutė	anūkas	. . . .
. . . .	motina	. . . .	moteris
vyras	. . . .	kūdikis	. . . .
. . . .	teta	. . . .	paauglė
tėtė	. . . .	berniukas	. . . .
sūnus	. . . .	. . . .	mergina
. . . .	dukterėčia		

22 pratimas. Žiūrėdami į paveiksliukus, papasakokite šio vyriškio gyvenimo istoriją. Pavartokite šiuos veiksmažodžius: gimti, augti, mylėti, vesti, ištekėti, mirti. Apibūdinkite, koks jis buvo kūdikystėje, vaikystėje, paauglystėje, jaunystėje, suaugęs, senatvėje.

23 pratimas. Parašykite draugui laišką ir pasiūlykite jam kartu važiuoti į kelionę. Pasakykite savo nuomonę, kodėl ta kelionė geriausia: gal pigiausia, patogiausia, įdomiausia ...

200 . . . .
Vilnius

Mielas . . . . ,

. . . .

. . . .

. . . .

. . . .

. . . .

. . . .

. . . .

. . . .

24 pratimas. Parašykite žodžiais šias datas:

1. 1245 07 22 . . . .

2. 1547 01 08 . . . .

3. 1627 09 30 . . . .

4. 1749 02 12 . . . .

5. 1850 04 15 . . . .

6. 1971 05 01 . . . .

7. 1989 08 23 . . . .

8. 1996 12 24 . . . .

9. 2002 11 07 . . . .

O dabar pasakykite tas pačias datas, atsakydami į klausimą kada?

25 pratimas. Pažiūrėkite į paveiksliuką. Klausydami teksto parašykite, kiek kiekvienam iš šių žmonių metų.

26 pratimas. Paklausykite ir įrašykite žodžius, kurių trūksta.

Cha, cha, cha

Vaikštinėjo . . . . Cha.
Susitiko . . . . Cha.
Į namus . . . . pavadino,
. . . . stalelio pasodino.
– . . . . , Cha?
– Liūdnoka, Cha.
Trūksta mudviem . . . . Cha.
Jei ateitų . . . . Cha –
Suskambėtų cha, cha, cha.
Į duris pabeldė . . . .

– Kas . . . . ?
– Cha – bičiulis . . . .
Svečiui . . . . atsidarė.
– Prašom, – Cha ir Cha . . . .
tarė.
– Prašom, Cha.
– Sėskis, Cha.
Be tavęs, bičiuli Cha,
Neskambėjo cha, cha, cha.

M.Vainilaitis. „Juokų maišelis"

27 pratimas. Pasakykite pagal pavyzdį.

Pavyzdys:
Arūnas ir Saulius yra linksmi. –
Bet Arūnas linksmesnis už Saulių.

28 pratimas. Pasakykite pagal pavyzdį.

Pavyzdys:
Senelis ir tėvas labai gražiai dainuoja. –
Bet senelis dainuoja gražiau už tėvą.

29 pratimas. Paklausykite ir pažymėkite, kuriuose sakiniuose girdite šiuos žodžius.

A	B	C
Senis –	Jaunas –	Tėtė – . . . .
Senas –	Jaunuolis –	Kėdė – . . . .
Senelis –	Jaunimas –	Dėdė – . . . .
Senesnis –	Jaunesnis –	Sėdi – . . . .

30 pratimas. Pabraukite kirčiuotus skiemenis.

Pusseserė, senelis, tėtė, dėdė, pusbrolis, anūkas, prosenelis;

ranka, koja, nugara, ausis, burna, plaukai, širdis, antakis, blakstienos;

gyventi, augti, ištekėti, nevedęs, studijuoti, draugauti, pasivaikščioti.

31 pratimas. Paklausykite ir įrašykite raides, kurių trūksta.

T . . . ta, sūn . . . nas, ak . . . s, pusses . . . rė, l . . . žuvis, dant . . . s, vaik . . . nas, s . . . natvė, dukter . . . čia,

v . . . stuvės, d . . . dė, p . . . da, blakst . . . nos, nos . . . s, mot . . . ris, s . . . nelis, merg . . . na, gyv . . . nti.

32 pratimas. Pabandykite pasakyti greitai.

Gerą girą geroj girioj geri vyrai gerai gėrė, gerdami gyrė.

DEVINTOJI PAMOKA

1 pratimas. *Darbas poromis*. Paprašykite pagalbos, nes:

• negalite atrakinti savo buto durų;

• traukinyje labai karšta, bet negalite atidaryti lango;

• negalite traukinyje sunkaus krepšio užkelti ant lentynos;

• gyvenate viešbutyje, bet kambaryje neveikia televizorius;

• teatre negalite rasti savo vietos;

• bute sugedo vandens čiaupas.

2 pratimas. *Darbas poromis*. Pažiūrėkite į paveiksliukus. Įsivaizduokite, kad jūs esate šiose situacijose. Ką galėtumėte vienas kitam pasakyti? Pasitarkite ir parašykite trumpus dialogus.

3 pratimas. Atsakykite į klausimus išplėstiniu atsakymu:

Teigiama reakcija	*Klausimas*	*Neigiama reakcija*
–	Ar nori vakare į koncertą?	– . . . .
–	Matei naują lietuvių filmą?	– . . . .
–	Buvai parodoje?	– . . . .
–	Keliausi vasarą po Europą?	– . . . .
–	Ar renki pašto ženklus?	– . . . .
–	Ar šie tavo paveikslai nauji?	– . . . .
–	Mėgsti krepšinį?	– . . . .
–	Eime į spektaklį?	– . . . .
–	Girdėjau jaunystėje buvai geras futbolininkas?	– . . . .

4 pratimas. *Darbas poromis.* Jūs esate žurnalistas, kuris ima interviu iš garsaus sportininko, aktoriaus, keliautojo ... apie jo laisvalaikio pomėgius. Pagalvokite ir iš ankso pasirašykite klausimus. Pasikalbėkite poromis, sužinokite atsakymus ir juos parašykite.

klausimai	atsakymai
1. *Kur mėgstate leisti laisvalaikį?*	1. . . . .
2.	2. . . . .
3.	3. . . . .
4.	4. . . . .
5.	5. . . . .
6.	6. . . . .
7.	7. . . . .
8.	8. . . . .
9.	9. . . . .
10.	10. . . . .

5 pratimas. *Darbas poromis.* Pasitarkite su draugu ir užpildykite anketą – kas, jūsų nuomone, pigiausia, maloniausia, neįdomiausia, linksmiausia:

	pigiausia	*maloniausia*	*neįdomiausia*	*linksmiausia*
sportas	. . . .	. . . .	. . . .	. . . .
teatras	. . . .	. . . .	. . . .	. . . .
kinas	. . . .	. . . .	. . . .	. . . .
šokiai	. . . .	. . . .	. . . .	. . . .
turizmas	. . . .	. . . .	. . . .	. . . .
koncertai	. . . .	. . . .	. . . .	. . . .

6 pratimas. Per 100 metų pasaulis labai pasikeitė. Pavyzdžiui, prieš 100 metų žmonės daug vaikščiodavo pėsčiomis, o dabar einame pasivaikščioti dažniausiai laisvalaikiu. Pasirinkite dvi iš šių temų ir parašykite, kaip būdavo prieš 100 metų ir dabar.

1. Laisvalaikis. 2. Šeima. 3. Darbas. 4. Moterys. 5. Drabužiai. 6. Kelionės.

....
....
....
....
....
....
....
....
....

7 pratimas. Raskite poras.

1. Kodėl ponas Rimkus nebuvo susirinkime?
2. Dėl ko nevažiavai į ekskursiją?
3. Kodėl tėvas supyko?
4. Dėl ko niekada nepaskambini?
5. Kodėl tu šiandien toks liūdnas?
6. Ponas Jonaiti, o kokia jūsų nuomonė?
7. Dėl ko kasdien pyksti ant vaikų?
8. Kodėl nepaprašai mano pagalbos?
9. Klausyk, būk gera, padėk man.

A. Nežinau tavo numerio.
B. Ne liūdnas, tik galvoju apie egzaminą, kuris bus rytoj.
C. Manau, kad pats viską padarysiu.
D. Nenorėjau sakyti, bet jeigu jūs klausiate mano nuomonės, pasakysiu.
E. Dėl ligos. Jis serga jau visą savaitę.
F. Kad jie visą laiką daro kitaip negu reikia.
G. Dabar? Palauk truputį, tuoj baigsiu kalbėti telefonu.
H. Dėl sūnaus blogo elgesio.
I. Sirgau.

8 pratimas. Parašykite, ko reikia kiekvienai šių sporto šakų.

Sporto šaka	Sportininkai; jų skaičius	Daiktai
Krepšinis	<u>penki krepšininkai</u>	<u>kamuolys, krepšys</u>
Futbolas	....	....
Tenisas	....	....
Boksas	....	....
Plaukimas	....	....
Dviračiai	....	....
Bėgimas	....	....
Slidinėjimas	....	....

9 pratimas. Perskaitykite sakinių pradžias ir pažymėkite, prie kurių paveiksliukų jos tinka. Baikite sakinius.

1. Jauniems žmonėms ne visada patinka klasikinė muzika todėl, kad . . . .

   . . . .

2. Berniukai mielai žaidžia krepšinį, nes . . . .

3. Į teatrą daugiausia eina moterys todėl, kad . . . .

4. Aerobika patinka merginoms, nes . . . .

5. Sako, kad tenisas – puikus žaidimas, nes . . . .

6. Kolekcionuoti pinigus – vyrų darbas, nes . . . .

10 pratimas. Pažiūrėkite į grafiką. Ką laisvalaikiu mėgsta veikti žmonės? Paklausinėkite savo grupės draugų ir išsiaiškinkite, kaip jie labiausiai mėgsta leisti laisvalaikį. Sudarykite panašų grafiką, palyginkite duomenis.

Mėgsta namie žiūrėti televizorių.	.... 70 proc.
Skaito lengvo turinio knygas.	.... 62 proc.
Mielai eina į svečius.	.... 50 proc.
Mėgsta sėdėti parke ant suolo.	.... 46 proc.
Dažnai eina pasivaikščioti.	.... 30 proc.
Sportuoja.	.... 15 proc.
Laisvalaikiu lanko teatrus.	.... 10 proc.
Klauso muzikos koncertų salėse.	.... 7 proc.
Eina į muziejus ir parodas.	..... 5 proc.
Savarankiškai mokosi.	... 2 proc.

11 pratimas. Raskite poras.

opera	krepšinis
baletas	aktorius
boksininkas	smuikas
jojikas	dirigentas
smuikininkas	baseinas
orkestras	dainininkė
plaukti	paveikslas
žaisti	šokėjas
vaidinti	arklys
paroda	pirštinės

12 pratimas. Paklausykite interviu su Algiu, Lina ir Kęstu ir lentelėje pažymėkite, apie kurį pasakytas vienas ar kitas teiginys. Kaip jūs atsakytumėte į klausimus apie teatrą, muziejus ir sportą?

	Algis	Lina	Kęstas
1. Kartais eina į muziejus.	. . . . .	. . . . .	. . . . .
2. Mėgsta istorijos muziejus.	. . . . .	. . . . .	. . . . .
3. Visai nelanko muziejų.	. . . . .	. . . . .	. . . . .
4. Dirba muziejuje.	. . . . .	. . . . .	. . . . .
5. Teatras labai svarbus žmogui.	. . . . .	. . . . .	. . . . .
6. Teatre galima parodyti save ir į kitus pažiūrėti.	. . . . .	. . . . .	. . . . .
7. Sportas – tai gyvenimas.	. . . . .	. . . . .	. . . . .
8. Sportas visai nereikalingas.	. . . . .	. . . . .	. . . . .
9. Sporto reikia tik jauniems žmonėms.	. . . . .	. . . . .	. . . . .

13 pratimas. Ar žinote, kaip lengiausia tapti rašytoju? Ne? Perskaitykite šiuos šešis sąrašus. Iš kiekvieno pasirinkite po vieną žodį (galite paprašyti draugo, kad jis jums parašytų 6 skaičius, tada žinosite, kurį žodį iš kiekvieno sąrašo pasirinkti). Parašykite su jais trumpą istoriją. Nepamirškite sugalvoti pavadinimo.

I.	II.	III.	IV.
1. Muzikantas.	1. Stiprus	1. Akiniai	1. Pajūris.
2. Šokėja.	2. Aklas.	2. Skrybėlė.	2. Miškas.
3. Dainininkas.	3. Neturtingas.	3. Prizas.	3. Kavinė.
4. Aktorius.	4. Liesas.	4. Galvos skausmas.	4. Salė.
5. Keliautojas.	5. Liūdnas.	5. Mašina.	5. Bankas.
6. Bankininkas.	6. Simpatiškas.	6. Žiedas.	6. Viešbutis.

V.
1. Pamesti.
2. Laimėti.
3. Mylėti.
4. Ieškoti.
5. Prašyti.
6. Laukti.

VI.
1. Audra.
2. Lietus.
3. Pietūs.
4. Naktis.
5. Pavasaris.
6. Šventė.

VII.
1. Užrašų knygelė
2. Bilietas
3. Programa.
4. Knyga.
5. Kvietimas.
6. Patarimas.

VIII.
1. Bičiulis.
2. Keleivis.
3. Taksistas.
4. Padavėjas.
5. Policininkas.
6. Advokatas.

IX.
1. Stebėti.
2. Verkti.
3. Nustebti.
4. Susipažinti.
5. Linksmintis.
6. Prieštarauti

Pavyzdys:

Šokėja, neturtinga, skrybėlė, viešbutis, prašyti, lietus, kvietimas, taksistas, nustebti.

Staigmena

Mažame viešbutyje Vilniaus senamiestyje gyveno jauna baleto šokėja. Ji buvo labai neturtinga, bet talentinga mergina. Ji šokdavo puikiai.
Vieną vakarą po spektaklio labai lijo. Šokėja viena sėdėjo savo kambaryje ir liūdėjo. Viešbučio tarnautojas atnešė jai keistą dovaną. Tai buvo graži skrybėlė ir kvietimas vakarieniauti. Parašas buvo vaikino, kurio ji nepažinojo. Mergina nenorėjo būti viena, todėl išėjo susitikti su vaikinu. Gatvėje ji pamatė taksi ir įsėdo į mašiną. Jaunas linksmas taksistas pasakė, kad raštelis ir dovana buvo jo. Mergina nustebo, bet mielai sutiko vakarieniauti kartu. Taip prasidėjo jų draugystė.

. . . .
. . . .
. . . .
. . . .
. . . .
. . . .
. . . .
. . . .
. . . .
. . . .

14 pratimas. Parašykite 5 sakinius apie tai, ką mėgdavote daryti, kai buvote mažas.

Pavyzdys:
Kai buvau visai mažas, visada valgydavau daug šokoladinių saldainių, nes maniau, kad jie skaniausi pasaulyje.

1. . . . .
2. . . . .
3. . . . .
4. . . . .
5. . . . .

15 pratimas. Parašykite priešingą judėjimo kryptį sakančius žodžių junginius. Parašykite po vieną sakinį su kiekvienu junginiu.

Pavyzdys:
Išėjo iš virtuvės – įėjo į virtuvę. Mama išėjo iš virtuvės į koridorių.

Užlipo ant stogo – . . . .

Įbėgo į klasę – . . . .

Įnešė į kambarį – . . . .

Įplaukė į uostą – . . . .

Išvedė iš salės – . . . .

Įleido į kabinetą – . . . .

Nukėlė nuo spintos – . . . .

Įvažiavo į kiemą – . . . .

Užšoko ant kėdės – . . . .

16 pratimas. Baikite sakinius veiksmažodžiais, rodančiais rezultatą.

Pavyzdys:
Adomas eina į parodą, o Petras jau nuėjo.

Tadas rašo laišką, o Jonas jau . . . .

Robertas kviečia Ritą į koncertą, o Zigmas jau . . . .

Berniukai bėga į kiemą, o mergaitės jau . . . .

Dviratininkas važiuoja nuo kalno, o motociklininkas jau . . . .

Šitas laivas plaukia iš uosto, o anas jau . . . .

Jie dar tik baigia darbą, o mes jau . . . .

Dėstytojas eina į auditoriją, o studentai jau . . . .

Autobusas važiuoja į garažą, o sunkvežimis jau . . . .

Sesuo dar tik eina namo, o brolis jau . . . .

17 pratimas. Įrašykite metus žodžiais ir baikite sakinius būtuoju dažniniu laiku.

Kai jis buvo . . . . metų, dažnai . . . .

Kai ji buvo . . . . , dažnai . . . .

Kai . . . . , ...

Kai . . . . , ...

Kai . . . . , ...

Kai . . . . , ...

Kai . . . . , ...

Kai . . . . , ...

18 pratimas. Parašykite sakinių su šiais žodžiais.

Išeiti. . . . .

Nueiti. . . . .

Užeiti. . . . .

Ateiti. . . . .

Įeiti. . . . .

Pareiti. . . . .

Apeiti. . . . .

Pereiti. . . . .

Praeiti. . . . .

Prieiti. . . . .

19 pratimas. Parinkite ir įrašykite tinkamus žodžius taisyklinga forma. Su kitu veiksmažodžiu sugalvokite savo sakinį.

Užvažiuoti, nuvažiuoti, pravažiuoti, išvažiuoti, pavažiuoti, pervažiuoti, apvažiuoti, atvažiuoti.

1. Kalnas toks aukštas, kad net sunku . . . .

2. Žiūrėk, ant gatvės miega kačiukas, ... jį.

3. . . . . pas savo seną draugą Adomą.

4. Ar gali sekmadienį . . . . pas mane į svečius?

5. Dabar . . . . pro teatrą.

6. . . . . į Lenkiją visam mėnesiui.

7. Dar truputį reikia . . . . ir tada bus mokykla.

8. . . . .

20 pratimas. Baikite sakinius.

Vakar neatėjau pas tave, nes . . . .

Brolis šiandien liūdnas todėl, kad . . . .

Tėvas šiandien grįš vėlai, nes . . . .

Kadangi . . . ., nevažiuosime į ekskursiją.

Vaikystėje patikdavo daug būti kieme, nes . . . .

Sesuo šiandien vakare daug skaitys todėl, kad . . . .

Užvakar ilgai dirbau, nes . . . .

Rytoj tau nepaskambinsiu, nes . . . .

Kadangi . . . . , turiu dabar nusipirkti bilietą.

Nenoriu su tavimi kalbėti todėl, kad . . . .

Kadangi . . . . , turiu pareiti namo ir persirengti.

21 pratimas. Perskaitykite tekstą; kur galima, prie veiksmažodžio pridėkite priešdėlį.

Kiekvieną rytą Mykolas eina su savo šuniu Liuku iš namų. Jis keliauja į parką, ima laikraštį ir skaito jį. Tada Liukas turi laiko bėgioti apie medžius ir draugauti su savo pažįstamais. Kai Mykolas baigia skaityti, deda laikraštį į kišenę ir eina iš parko į parduotuvę. Ten perka Liukui dešros ir abu linksmi eina namo.

22 pratimas. Iš kelių sakinių parašykite vieną.

Aš mėgstu eiti pasivaikščioti. Dažnai einu į parką. Ten geras oras. Ten sutinku savo draugų	*Kadangi aš mėgstu pasivaikščioti, dažnai einu į parką, nes ten geras oras ir sutinku savo draugų.*
Dabar mano atostogos. Aš važiuoju prie jūros. Manau, kad ten gerai pailsėsiu. Man labai patinka jūra.	
Žmonės valgo per mažai daržovių. Daržoves valgyti sveika. Gydytojai dažnai kalba apie daržovių naudą. Daržovėse yra daug vitaminų.	
Visą savaitę Petras daug dirba. Jis turi gerai pailsėti savaitgalį. Kitaip vaikinas vėliau dirbtų blogiau.	
Sportas – sveikata. Linas ėmė rytais bėgioti po mišką. Jis nori būti sveikesnis.	

23 pratimas. Draugai jums pasiūlė vidury žiemos vykti prie Baltijos jūros, į Nidą, pailsėti. Surašykite savo dienoraštyje argumentus prieš ir už tokią kelionę.

. . . . d.

Vakar draugai pasiūlė važiuoti pailsėti prie jūros, į Nidą. Bet jau žiema. Ką daryti?

Reikia pagalvoti, verta ar ne. Taigi: . . . .

. . . .

. . . .

. . . .

. . . .

. . . .

. . . .

24 pratimas. Įrašykite: dar, jau, tik. Parašykite po 3 savo sakinius su šiais žodžiais.

Pavyzdys:
Nori valgyti? – Ačiū jau pavalgiau.

1. Ar valgei mano sesės torto? – Ne, ... nevalgiau, bet labai noriu.

2. Ar . . . . parašei referatą? – Ne, ... neparašiau.

3. Ar . . . . gerai kalbi lietuviškai? – Taip, ... neblogai.

4. Ar greitai išvažiuoji? – . . . . rytoj.

5. O kada grįši? Šeštadienį? – Ne, ... sekmadienį.

6. Galiu tau vakare paskambinti? – Deja, ne, aš . . . . neturiu telefono.

7. Ar greitai brolio šeima turės vaikutį? Taip, ... greitai.

8. Kiek mokėjai už savo naują mašiną? – . . . . tūkstantį.

9. Ar tavo nauja mašina . . . . gerai važiuoja? – Taip, ... neblogai.

10. Ar tėvai . . . . žino apie jūsų vestuves? – Ne, ... nesakėme.

11. Ar vakarėlyje buvo nepažįstamų žmonių? – Ne, ... keli draugai.

. . . .

. . . .

. . . .

. . . .

. . . .

. . . .

. . . .

. . . .

25 pratimas. Įrašykite žodžius: jame, joje, juose, jose.

Pavyzdys:
Tas namas labai senas. Jame gyvena mano teta.

1. Ana parduotuvė labai moderni. . . . . labai patogu apsipirkti.

2. Kelionė buvo įdomi. . . . . susipažinau su įdomiais žmonėmis.

3. Dabar miškai labai sausi. . . . . gali kilti gaisrų.

4. Nauja knyga tikrai sudomis visus. . . . . autorius pasakoja apie save.

5. Lietuvoje teka nemažai upių. . . . . gyvena daug įvairių žuvų.

6. Paroda bus įdomi visiems, nes . . . . daug įvairių darbų.

7. Varžybos bus įtemptos, nes . . . . žais geriausios komandos.

8. Man labai patinka tas muziejus. . . . . daug įdomių eksponatų.

9. Lietuvoje daug mažų miestelių. . . . . gyvenimas ramesnis negu sostinėje.

26 pratimas. Pakeiskite paryškintus žodžius tinkama jis, ji forma:

Pavyzdys:
Ar tavo krepšyje yra peilis? – Ar jame yra peilis?

1. Ar *Vilniaus dramos teatre* yra kavinė? – . . . .
2. *Šiose varžybose* dalyvaus 7 komandos. – . . . .
3. *Tame filme* vaidina žymi aktorė. – . . . .
4. *Diskotekoje* visada būna daug mokyklos draugų. – . . . .
5. *Tokiose kelionėse* galima sutikti įdomių žmonių. – . . . .
6. *Palapinėje* gali miegoti 4 žmonės. – . . . .
7. *Koncertuose* dažnai susitinku pažįstamų. – . . . .
8. *Kuprinėje* yra visi reikalingi daiktai. – . . . .
9. *Šiame koncerte* nebuvo nieko įdomaus. – . . . .
10. *Žygiuose* praleidžiu daug laiko. – . . . .

27 pratimas. Baikite sakinius:

Šiandien aš buvau . . . .

Šiandien aš važiuoju . . . .

Šiandien aš eisiu . . . .

Šįryt . . . .

Tuo metu, kai . . . .

Poryt . . . .

Seniau . . . .

Tada . . . .

Ką tik . . . .

Užvakar . . . .

28 pratimas. Parinkite ir įrašykite tinkamus žodžius.

Poryt × 3; seniau; šiandien; dabar, vakar × 2; tada × 2; tuo metu, kai; vakare.

. . . . puikus oras. Kaip būtų gerai, kad . . . . būtų taip pat gražu, nes mes norime važiuoti į ekskursiją. Bet jeigu . . . . oras bus toks kaip . . . . , tai mes turėsime sėdėti namie, nes . . . . labai lijo. Močiutė man pasakojo, kad . . . . vasarą orai visada būdavo puikūs. Ji sako, kad . . . . , ... ji buvo maža mergaitė, vasaromis visada būdavo karšta, o žiemą labai šalta. Nežinau, ar . . . . tikrai taip būdavo, bet . . . . tikrai kitaip: vasarą gali daug lyti, būti šalta, o žiemą gali nebūti sniego ir šalčio. Kaip yra, taip yra. Bet aš labai norėčiau, kad . . . . oras būtų puikus, nes ekskursija . . . . bus linksmesnė. Reikės . . . . paklausyti, kokią orų prognozę pasakys per televizorių.

29 pratimas. Paprieštaraukite.

Pavyzdys:
Ar susitiksime po pamokos? – Ne, geriau prieš pamoką.

1. Ar pamatysiu tave po spektaklio? – . . . .
2. Gal pavalgykime vakarienę prieš filmą? – . . . .
3. Gal pasveikinkime draugą prieš pietus? – . . . .
4. Ar dar susitiksiu tave prieš atostogas? – . . . .
5. Ar prieš vestuves važiuosite į kelionę? – . . . .
6. Gal prieš valgį gersite vyno? – . . . .
7. Ar Jonas bus tik po valandos? – . . . .
8. Ar į muziejų eisime prieš pamokas? – . . . .
9. Ar visus darbus reikia baigti prieš savaitgalį? – . . . .
10. Ar namo grįši tik po švenčių? – . . . .

30 pratimas. Sudarykite kuo daugiau sakinių.

Ar galiu	išvažiuoju	kavinėje	visai vasarai
Ar dirbsi	išvažiuoti	prie jūros	minutėlę
Ar išvykstate	padavėja	vieną	sekmadienį
Mama	pailsėti	pas draugus	sekmadieniui
Prašyčiau	palaukti	pas kaimynus	visą vasarą
Gal galėtumėte	patylėti	vieną	minutėlei
	išėjo	į kelionę	

31 pratimas. Sugalvokite ir parašykite sakinių su šiais žodžiais.

Pavyzdys:
Vasarą mėgstu būti prie jūros.   *Visai vasarai važiuosime į Palangą.*

Savaitgalį . . . .   Savaitgaliui . . . .

Žiemą . . . .   Žiemai . . . .

Valandą . . . .   Valandai . . . .

Tris mėnesius . . . .   Trims mėnesiams . . . .

Per šventes . . . .   Šventėms . . . .

32 pratimas. Paklausykite ir pasakykite pagal pavyzdį.

Pavyzdys:
Ar jau parašei laišką? – Ne, dar neparašiau.

33 pratimas. Paklausykite ir pasakykite pagal pavyzdį.

Pavyzdys:
Aš, eiti. – Aš eidavau.

34 pratimas. Pabraukite kirčiuotus skiemenis.

Aktorius, paroda, miegmaišis, palapinė, drama, opera, baletas, žiūrovas, paveikslas, skelbimas, dirigentas, orkestras, ansamblis, krepšininkas, slidės, futbolininkas, jojikas, dviratininkas, kamuolys, aikštelė, varžybos.

35 pratimas. Paklausykite ir įrašykite praleistas raides.

Kam . . . liukas, k . . . prinė, j . . . jikas, skulpt . . . ra, pačiūž . . . s,
či . . . žikas, važi . . . ti, akt . . . rius, pr . . . grama, t . . . ristas,
dain . . . ti, t . . . rėti, galv . . . ti, sapn . . . ti, svaj . . . ti, j . . . ti

DEŠIMTOJI PAMOKA

Bendravimas

1 pratimas. *Darbas poromis.* Paklauskite draugo ir tada papasakokite apie jį visiems.

1. Koks miestas pasaulyje jam labiausiai patinka? Kodėl? Kas jame įdomiausia?

2. Ar jis mėgsta keliauti? Kuo mėgsta keliauti: traukiniu, lėktuvu, dviračiu, pėsčiomis?

3. Kokiu metų laiku jam patinka keliauti, atostogauti? Kokį mėnesį paprastai jis atostogauja? Ką mėgsta veikti per atostogas?

4. Ar jis turi daug laisvo laiko? Ką jam patinka veikti laisvalaikiu? Kodėl?

5. Ką jam labiau patiktų turėti: namą ar butą? Koks turėtų būti jo svajonių namas?

6. Ar jo giminė didelė? Kiek jis turi tetų, dėdžių, pusseserių ir pusbrolių? Kas jie yra, kur gyvena? Kokio jie amžiaus?

7. Kokia jo gimimo data?

2 pratimas. Baikite dialogus.

Pavyzdys:
Norėčiau pakviesti jus į teatrą.
Ačiū už kvietimą. Mielai nueisiu.
Ar susitikti šeštą valandą jums gerai?

1. . . . .

   Labai malonu.

   . . . .

2. . . . .

   Atleiskite, neišgirdau. Gal galite pakartoti?

   . . . .

3. . . . .

   Aš manau, kad nelis.

   . . . .

4. . . . .

   Kas atsitiko?

   . . . .

5. . . . .

   Labai ačiū, bet aš negaliu.

   . . . .

6. . . . .

   Senamiesčio architektūra.

   . . . .

7. . . . .

   Taip, pritariu. Tu teisus.

   . . . .

8. . . . .

   Taip, žinoma, mielai.

   . . . .

3 pratimas. Sudarykite kuo daugiau klausimų ir raskite jiems atsakymus.

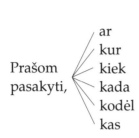

Prašom pasakyti,	ar kur kiek kada kodėl kas		

atnešė šį laišką?	Taip.
čia gyvena mokytojas Petraitis?	Ne.
yra knygynas?	Trys.
stotelių iki parko?	Aš.
šis troleibusas važiuoja į stotį?	Antrą.
vėluoja lėktuvas iš Prahos?	Trečios durys.
bus autobusas į Palangą?	Prie teatro.
direktoriaus kabinetas?	Trisdešimt du.
žmonių yra salėje?	Jonas.
nebuvote pamokose?	Sirgau.
gali nupirkti gėlių?	Blogas oras.

4 pratimas. Iš duotų žodžių parašykite klausimus.

Pavyzdys:
ko, reikėti, biblioteka, tu. – Ko tau reikia bibliotekoje?

1. Ko, norėti, paklausti, brolis. – ....

2. Kelintas, važiuoja, stotis, troleibusas, į. – ....

3. Kokia, tu, nuomonė, spektaklis, apie. – ....

4. Su, kas, brolis, kelionė, važiuoti, į. – ....

5. Kodėl, nepatikti, tu, muzika, garsi. – ....

6. Koks, spektaklis, vakare, būti. – ....

7. Kelinta, paroda, diena, prasidėti, nauja. – ....

8. Oras, koks, šiandien. – ....

9. Kur, važiuoti, per, tu, atostogos. – ....

5 pratimas. Pasakykite, kas jums patinka ar nepatinka ir kodėl.

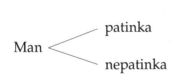

Man	patinka nepatinka	baltos katės pikti žmonės pilni troleibusai kavinės vakare žiema Lietuvoje Vilniaus senamiestis juokingos istorijos seni filmai saldūs obuoliai dideli šunys	todėl, kad	jie yra geri draugai. jos gražios ir meilios. daug linksmų žmonių. per šlapia ir per šalta. jas skaityti linksma. jiems niekas nepatinka. labai skanūs. ten per daug žmonių. jis labai gražus ir įdomus. jie be garso.

Žodynas

6 pratimas. Trumpai aprašykite šiuos dalykus.

Pavyzdys:
Parduotuvė prieš Kalėdas: <u>čia daug žmonių. Visi jie linksmi. Žmonės perka įdomių dovanų vaikams ir draugams.</u>

Miesto centras vėlų vakarą: . . . .

. . . .

Autobusas anksti rytą, kai visi žmonės važiuoja į darbą: . . . .

. . . .

Prabangus restoranas vakare: . . . .

. . . .

Draugo gimtadienis: . . . .

. . . .

Savaitgalis prie jūros: . . . .

. . . .

7 pratimas. Pasirinkite ir parašykite, ką veiksite visą savaitę vakarais.

Pavyzdys:
I. *<u>Pirmadienį būsiu namuose.</u>*   *būti namuose*

II. . . . .   sėdėti kavinėje

III. . . . .   eiti į baseiną

IV. . . . .   klausyti koncerto

V. . . . .   važiuoti į svečius

VI. . . . .   skaityti knygą

VII. . . . .   rašyti laišką

8 pratimas. Parašykite po 5 daiktus, kurie yra šiose patalpose.

virtuvė	*miegamasis*	*svetainė*	*darbo kambarys*
. . . .	. . . .	. . . .	. . . .
. . . .	. . . .	. . . .	. . . .
. . . .	. . . .	. . . .	. . . .
. . . .	. . . .	. . . .	. . . .
. . . .	. . . .	. . . .	. . . .

9 pratimas. Atsakykite į klausimus, nurodydami mėnesį ir dieną.

Pavyzdys:
Kada važiuosi pas tėvus? (XII, 30) – <u>Pas tėvus važiuosiu gruodžio trisdešimtą.</u>

1. Kada bus egzaminas? (VI, 4) – . . . .

2. Kada prasideda nauja paroda? (IV, 17) – . . . .

3. Kada važiuosime į ekskursiją? (V, 26) – . . . .

4. Kada Jurgos gimtadienis? (II, 14) – . . . .

5. Kada bus to filmo premjera? (X, 11) – . . . .

6. Kada prasideda mokslo metai? (IX, 1) – . . . .

7. Kada bus vakarėlis? (III, 19) – . . . .

8. Kada atvažiuos teta? (XI, 23) – . . . .

9. Kada bus jų vestuvės? (VIII, 22) – . . . .

10 pratimas. Jei jūs pirktumėte didelį namą, kas jame turėtų būti ir kur jis turėtų būti? Parašykite.

Jei aš pirkčiau didelį namą, jis . . . .

. . . .

. . . .

. . . .

. . . .

. . . .

. . . .

11 pratimas. Parašykite, kokių jums reikia įrankių ir indų, kai:

sėdate valgyti   sriubos: . . . .

bulvių su mėsa: . . . .

geriate   kavą: . . . .

sultis: . . . .

šampaną: . . . .

verdate   košę: . . . .

kepate   žuvį: . . . .

12 pratimas. Surašykite šiuos žodžius į 4 grupes:

Ranka, švarkas, stalas, bankas, nugara, pirštinės, spintelė, koja, ausis, knygynas, sekcija, kėdė, bažnyčia, paltas, lova, plaukai, akis, lentyna, pirštas, ligoninė, auskarai, sofa, aikštė, burna, megztinis, viešbutis, kaklaraištis, mokykla, vaistinė, sijonas, skruostas, parduotuvė, kelnės, krūtinė, gamykla, žiedas, kaklas, tiltas, karoliai, turgus, kilimas, blakstienos, stotelė, nosis, suknelė, paveikslas, šaligatvis, antakiai.

Kūno dalys	Drabužiai ir papuošalai	Namai	Miestas
ranka	*švarkas*	*stalas*	*bankas*
. . . .	. . . .	. . . .	. . . .
. . . .	. . . .	. . . .	. . . .
. . . .	. . . .	. . . .	. . . .
. . . .	. . . .	. . . .	. . . .
. . . .	. . . .	. . . .	. . . .
. . . .	. . . .	. . . .	. . . .
. . . .	. . . .	. . . .	. . . .
. . . .	. . . .	. . . .	. . . .
. . . .	. . . .	. . . .	. . . .

13 pratimas. Nupieškite giminės medį.

Petras yra Monikos žentas ir Virginijos brolis.
Giedrė yra Petro dukterėčia ir Kazio žmona.
Jonas yra Romo tėvas ir Petro uošvis.
Dovilė yra Petro marti ir Sauliaus žmona.
Viktoras yra Giedrės tėvas ir Vitalijos žentas.
Virginija yra Kęstučio duktė ir Kazio uošvė.
Romas yra Jono sūnus ir Sauliaus dėdė.

Kęstutis yra Giedrės senelis ir Ramunės uošvis.
Vitalija yra Virginijos motina ir Sauliaus senelė.
Monika yra Julės anyta ir Kazio senelė.
Kazys yra Jono anūkas ir Romo sūnus.
Ramunė yra Kazio teta ir Vitalijos marti.
Julė yra Kazio motina ir Ramunės brolienė.
Saulius yra Virginijos sūnėnas ir Kazio pusbrolis.

Skaitymas

14 pratimas. Perskaitykite informaciją apie kelis Lietuvos miestus ir palyginkite juos.

Pavyzdys:
Kaunas yra mažesnis miestas už Vilnių, o Klaĩpėda – už Kauną.

VILNIUS
Pagrindinis Lietuvos mokslo, meno ir kultūros centras. Mieste yra 20 proc. šalies pramonės.
Plotas – 287 km².
Miškai ir parkai – 150 km².
Vandenys užima 6 km².
360 km nuo Baltijos jūros.
590 000 gyventojų: 53 proc. lietuvių, 19 proc. lenkų, tiek pat proc. rusų, 6 proc. baltarusių, 1 proc. ukrainiečių.

KAUNAS
Antras pagal dydį ir reikšmę Lietuvos miestas – mokslo, kultūros ir pramonės centras.
Plotas – 121 km².
Parkai ir miškai – 18 km².
Vandenys – 12 km².
260 km nuo Baltijos jūros.
420 000 gyventojų: 91 proc. lietuvių,
5 proc. rusų; 0,6 proc. lenkų, 0,5 proc. baltarusių.

KLAĨPĖDA
Uostas prie Baltijos jūros. Vienas iš svarbiausių ir didžiausių Lietuvos miestų.
Plotas – 67,06 km².
Miškai užima 19 km².
205 000 gyventojų: 65 proc. lietuvių, 26 proc. rusų; 2,5 proc. baltarusių; 0,5 proc. lenkų.

Palyginkite:

1. Miestų dydį. . . . .

2. Miestų gamtą. . . . .

3. Kaip toli nuo jų iki jūros? . . . .

4. Gyventojų skaičių. . . . .

5 . Gyventojus pagal nacionalinę sudėtį. . . . .

. . . .

. . . .

. . . .

Rašymas

15 pratimas. Parašykite, ką žinote apie savo miestą, ir palyginkite jį su vienu iš pasirinktų Lietuvos (ar pasaulio) miestų.

. . . .

. . . .

. . . .

. . . .

. . . .

. . . .

Klausymas

16 pratimas. Paklausykite teksto apie Lietuvą ir įrašykite praleistą informaciją:

Kas aukščiausias?

Aukščiausias vyras – . . . . cm kaunietis Arvydas Sabonis, gimęs . . . . Tai geriausias ne tik Lietuvos, bet ir Europos krepšininkas.

Aukščiausias medis – . . . . m aukščio, ... cm skersmens maumedis, kuris auga Príenų rajonè, netoli Balbiēriškio.

Aukščiausias pastatas – . . . . m aukščio, ... aukštų, ... numerių, ... vietų „Lietuvos" viešbutis Vilniuje. Jį pastatė . . . . metais pagal architektų Algimanto ir Vytauto Nasvyčių projektą.

Aukščiausia bažnyčia – . . . . metrų aukščio neogotikinė Šv. Mato parapinė bažnyčia, pastatyta . . . . m. Anykščiuose. Bažnyčios bokštų aukštis – . . . . m.

Aukščiausias statinys – . . . . m aukščio Vilniaus televizijos bokštas.
Čia yra televizijos techninės tarnybos, baras, kurio grindys gali suktis apie bokšto ašį. Virš bokšto gelžbetoninės dalies yra smaili . . . . m metalinė antena.

Auščiausios bangos – . . . . m aukščio – buvo . . . . Baltijos jūroje netoli Klaĩpėdos.

Kas mažiausias?

Mažiausia mūrinė pilis yra Liškiavojè (Varénõs r.). Ją pradėjo statyti . . . . a. antroje pusėje, bet nebaigė. Dabar ten yra tik mūro liekanos. Atrodo, pilis turėjo būti su keturiais bokštais. Kiemo plotas – . . . . m².

Mažiausias ir seniausias muziejus – Baublys – yra rašytojo Dionizo Poškos sodyboje Bijõtuose (Šilãlės r.). Muziejų įrengė . . . . metais. . . . . m apimties ąžuolo kamiene, kuriam buvo buvo apie . . . . metų. Išskaptuoto vidaus skersmuo yra apie . . . . m.

Mažiausias krateris lietuvišku pavadinimu – Alytùs – yra Marse. Jo skersmuo apie . . . . km. Šį vardą . . . . m. krateriui suteikė Tarptautinė astronomų sąjunga.

Mažiausias vyras Lietuvoje – Klemensas Dapšys, gimė . . . . Židìkų dvare. Jo ūgis (. . . . . m. amžiaus) – . . . . cm. . . . . jį šaukė tarnauti kariuomenėje, bet dėl ūgio nepriėmė. Žinoma, kad . . . . m. tarnavo Ylakių valsčiaus valdyboje, o nuo . . . . Židìkų valsčiaus raštininku.

Mažiausias naujagimis – . . . . g svorio, ... cm ūgio mergaitė, gimė Drùskininkų miesto ligoninėje . . . . Kita tokio pat svorio, ... cm ūgio mergaitė gimė . . . . respublikinėje Pãnevėžio ligoninėje. Abi auga sveikos.

Mažiausia lietuviška knyga – . . . . × . . . . mm dydžio, ... mm storio, ... puslapių apimties, ... g svorio Viliaus Užtupo „Pirmajai lietuviškai knygai . . . . metų". Šią miniatiūrinę knygelę . . . . egz. tiražu . . . . m. išleido leidykla „Vilius".

Perskaitykite tekstą dar kartą. Ar jūs anksčiau visa tai žinojote? Kas jums buvo įdomiausia?

17 pratimas. Paklausykite eilėraščio ir įrašykite praleistus žodžius.

L a i š k a i

Gyvenimas yra mielas,
Gyvenimas . . . . ,
Jeigu ilgai . . . .
Ir . . . . laiškus.

„Laba diena.
Kaip sveikata?
Kaip laikosi . . . . ?
Ką veikia . . . . ?

Širdingi linkėjimai.
. . . . jums sveikatos.
. . . . šventes ateikit
Išgerti . . . ."

Paskui –
Kramtom pieštuką,
Ieškodami . . . .
Tai, kas parašyta,
Taip . . . . išrodo.

S. Geda

Gramatika

18 pratimas. Atsakykite į klausimus.

Pavyzdys:
Su kuo buvai prie jūros? (geri draugai) – Prie jūros buvau su gerais draugais.

1. Kuo važiavote prie jūros? (*senas raudonas autobusas*) – . . . .

2. Kam mama nupirko saldainių? (*maži vaikai*) – . . . .

3. Kam Elena ieško dovanos? (*jaunesnis brolis*) – . . . .

4. Kam nepatiko paroda? (*jie*) – . . . .

5. Kam Jonas dovanos gėlių? (*nauja draugė*) – . . . .

6. Kam buvo įdomi paskaita? (*mes*) – . . . .

7. Su kuo norėtum eiti į žygį? (*tu*) – . . . .

8. Kuo labiau mėgsti rašyti: (*parkeris*) . . . . ar (*pieštukas*) . . . . ? –
. . . .

9. Kuo tu domiesi? (*klasikinis džiazas*) – . . . .

19 pratimas. Parinkite tinkamą žodžio formą.

1. Vakar susipažinau su labai (*įdomiu, įdomų, įdomiam*) . . . . (*žmogus, žmogumi, žmogui*) . . . .

2. (*Sekmadienį, sekmadienyje, sekmadieniui*) . . . . buvome koncerte.

3. Ar galime susitikti prieš (*pamokos, pamoką, pamoka*) . . . . ?

4. Jis nelanko pamokų dėl (*sunkios, sunkiai, sunkia*) . . . . (*liga, ligos, ligai*) . . . .

5. Gydytoja dirba kasdien nuo (*pirmadieniu, pirmadieniui, pirmadienio*) . . . . iki (*penktadienio, penktadieniui, penktadieniu*) . . . .

6. Kur padėjai laikraščius? Ant (*lentynos, lentyna, lentynoje*) . . . . virš (*stalas, stalu, stalo*) . . . .

7. Naujų batų reikia (*mama, mamai, mamą*) . . . . ir (*sesės, sesę, sesei*) . . . .

8. Išvažiuojame pas (*tėvus, tėvais, tėvams*) . . . . (*visas, visam, visą*) . . . . (*savaitgaliui, savaitgalį, savaitgalis*) . . . .

20 pratimas. Įrašykite tinkamas žodžių formas.

A Ar vakar buvai (*futbolas*) . . . . varžybose?

B Taip, o kodėl klausi? Gal ir tu jas (*žiūrėti*) . . . . ?

A Taip, tik per televizorių. Gerai, kad nėjau, nes taip (*lyti*) . . . . Ar tu (*nesušlapti*) . . . . ?

B Net neklausk. Aišku, kad labai (*sušlapti*) . . . . Visada pasiimu (*skėtis*) . . . . , bet šį kartą (*pamiršti*) . . . .

A Ir (*sėdėti*) . . . . varžybose be skėčio per (*lietus*) . . . . ?

B Taip, nes jau seniai nebuvo tokių (*įdomios varžybos*) . . . . Ar tu taip nemanai?

A Tu teisus. Bet (*galėti*) . . . . susirgti.

B Baik kalbėti apie (*ligos*) . . . . Aš laimingas, kad (*laimėti*) . . . . mano komanda, ir visai (*nežadėti*) . . . . sirgti.

21 pratimas. Užpildykite lentelę.

šiandien *dirba*	*vakar* <u>*dirbo*</u>	*seniai daug kartų* <u>*dirbdavo*</u>	*rytoj* <u>*dirbs*</u>
valgau	. . . .	. . . .	. . . .
rašai	. . . .	. . . .	. . . .
myli	. . . .	. . . .	. . . .
dainuojate	. . . .	. . . .	. . . .
žaidžiu	. . . .	. . . .	. . . .
tylime	. . . .	. . . .	. . . .
yra	. . . .	. . . .	. . . .

22 pratimas. Pakeiskite sakinius pagal pavyzdį.

Pavyzdys:
Aš dirbu Vilniuje. – Aš dirbau Vilniuje.

1. Lėktuvas skrenda labai greitai. – . . . .

2. Seserys perka labai daug maisto. – . . . .

3. Jūs viską greitai suprantate. – . . . .

4. Ar tu eini į universitetą? – . . . .

5. Jis visą dieną kalba prancūziškai. – . . . .

6. Mes parduodame savo seną butą. – . . . .

7. Jie važiuoja atostogauti į Ispaniją. – . . . .

8. Aš valgau pusryčius 8 valandą. – . . . .

23 pratimas. Parinkite tinkamą žodį ir įrašykite į sakinius.

Važiuodavome, atvažiuosi, pravažiuojame, privažiavo, parvažiavo, pervažiavo, atvažiuok, užvažiavo, išvažiuosiu, įvažiuok, atvažiuos.

1. Rytoj aš . . . . į Paryžių.

2. Kada pas tave . . . . pusbrolis?

3. Ar tavo tėvas jau vakar . . . . namo?

4. sekmadienį į svečius.

5. Mašina lėtai . . . . ant tilto ir sustojo.

6. Pažiūrėkite į dešinę – dabar . . . . pro miesto simbolį – Gedimino pilį.

7. Ta mašina . . . . per sankryžą, kai degė raudona šviesa.

8. Vaikystėje vasarą dažnai . . . . į kaimą.

9. Prie mūsų namo . . . . sunkvežimis.

10. Kai vakare . . . . pasiimti manęs, ... į kiemą.

24 pratimas. Parašykite, ką šie žmonės darė ir ko jie nedarė vakar, o paskui pakeiskite sakinius, kalbėdami ne apie vakar, o apie šiandien dieną:

ELENA: (+) skaityti knygą, eiti į teatrą, kalbėti telefonu su draugu, valgyti restorane;

(–) gerti vyną, eiti pasivaikščioti, rašyti laišką, šokti ir dainuoti;

SIGITAS: (+) kviesti į teatrą Mariją, pirkti naują mašiną, parduoti seną butą;

(–) važiuoti į Palangą, žiūrėti televizorių, valgyti ledus, groti pianinu;

MES: (+) važiuoti prie jūros dviračiu, eiti į baseiną, virti pietus, valgyti vištieną;

(–) gerti sultis, kalbėti lietuviškai, važiuoti taksi, pirkti naują televizorių;

TU: (+) ...

(–) ...

25 pratimas. Parašykite tinkamą veiksmažodžių formą:

1. Jeigu aš (*galėti*) . . . . , tikrai (*ateiti*) . . . . pas tave.

2. Vakar mes (*būti*) . . . . teatre ir (*žiūrėti*) . . . . labai įdomų spektaklį.

3. Ar tu rytoj (*važiuoti*) . . . . į Taliną?

4. Pernai mes (*važiuoti*) . . . . į Graikiją, o kitais metais turbūt (*atostogauti*) . . . . Kinijoje.

5. Vakar aš (*norėti*) . . . . nueiti į koncertą, bet (*negauti*) . . . . bilieto.

6. Jeigu tu (*turėti*) . . . . pinigų, ar (*pirkti*) . . . . šią mašiną?

7. Ar dabar jūs viską (*suprasti*) . . . . ? Taip, bet vakar aš nieko (*nesuprasti*) . . . .

8. Jis kiekvieną dieną (*pirkti*) . . . . jai gėlių. Gal ir rytoj (*nupirkti*) . . . .

9. Mano dukterėčia prieš savaitę (*pirkti*) . . . . naujus svetainės baldus.

10. Vakar aš nieko (*nevalgyti*) . . . . , nieko (*negerti*) . . . .

26 pratimas. Parašykite pagal pavyzdį.

Pavyzdys:
5, namas – penktas namas.

4, kartas – . . . .

43, troleibusas – . . . .

23, auditorija – . . . .

12, kongresas – . . . .

106, kilometras – . . . .

1547, metai – . . . .

19, diena – . . . .

98, traukinys – . . . .

27 pratimas. Parašykite, kas būtų, jei:

Jonas	*Aušra*
Jei baigtų universitetą, gautų gerą darbą.	*Jei nepirktų tiek daug drabužių, tai turėtų daugiau pinigų.*
geras darbas – ilgai ir sunkiai dirbti, bet daug uždirbti	daugiau pinigų – nežinoti, kur laikyti: namie ar banke
. . . .	. . . .
sunkiai dirbti – labai pavargti	namie – gali pavogti vagys
. . . .	. . . .
labai pavargti – dažnai sirgti	banke – bankrutuoti
. . . .	. . . .
dažnai sirgti – gauti mažą algą	neturėti pinigų – blogai gyventi
. . . .	. . . .

28 pratimas. Pažiūrėkite į schemą ir atsakykite į klausimus.

Pavyzdys:
Kur yra oro uostas? (už) –
Oro uostas yra už miesto.

1. Kur yra mokykla? – . . . .

2. Kur yra kavinė „Vakaras"? – . . . .

3. Kur yra laikraščių kioskas? – . . . .

4. Kur yra gėlių parduotuvė? – . . . .

5. Kur yra laikrodžių taisykla? – . . . .

6. Kur yra traukinių stotis? – . . . .

7. Kur yra advokatų kontora? – . . . .

8. Kur yra knygynas? – . . . .

9. Kur yra vaikų darželis? – . . . .

10. Kur yra turgus? – . . . .

29 pratimas. Pabraukite kirčiuotus skiemenis.

Sto<u>tis</u>, stotelė, gatvė, šaligatvis, aikštė, viešbutis, parduotuvė;

mašina, dviratis, autobusas, traukinys, lėktuvas, laivas;

sausis, vasaris, kovas, balandis, gegužė, birželis, liepa;

durys, grindys, lubos, sienos, stogas, laiptai, koridorius;

kambarys, virtuvė, miegamasis, vonia, balkonas, garažas;

stalas, kėdė, lova, sofa, spinta, lentyna, televizorius, paveikslas;

šaukštas, šakutė, peilis, lėkštė, puodelis, puodas, keptuvė, šaldytuvas;

galva, kaklas, ranka, koja, pilvas, akis, nosis, plaukai;

kūdikis, vaikas, jaunuolis, mergina, vaikinas, moteris, vyras;

teta, dėdė, pusbrolis, pusseserė, dukterėčia, sūnėnas;

teatras, bilietas, spektaklis, kinas, paroda, paveikslas, muzika;

dirigentas, sportas, krepšinis, futbolas, turistas, kuprinė.

30 pratimas. Paklausykite dainos ir įrašykite praleistus žodžius:

Baltos lelijos

. . . . lelijos

. . . . susivijo,

po lelijom balčiausiom

du vaikeliai. . . . .

Vienas vaikas. . . . . ,

kitas vaikas. . . . . ,

viens į kitą. . . . . ,

žvaigždeles klausinėja.

Kas pasėjo. . . . . ?

Kas pasėjo lelijas?

Kas gi . . . . pasėjo?

Kas pasėjo. . . . . ?

Kas. už kalnų?

Kas gyvena. . . . . ?

Kas gyvena. . . . . ?

Kas gyvena žvaigždėse?

Kur . . . . šįvakar?

Kur mes eisime. . . . . ?

Kur. , kai pasensim?

Kur po. . . . . būsim?

. . . . lelijos

. . . . susivijo,

po lelijom balčiausiom

du vaikeliai . . . .

Žodžiai Sigito Gedos,
autorius ir atlikėjas Vytautas Kernagis.

VIENUOLIKTOJI PAMOKA

1 pratimas. Raskite poras.

1. Kaip sakai, ar pasiimti skėtį?
2. Ar turi laiko? Man būtinai reikia su tavimi pasitarti.
3. Atsiprašau, gal patartumėt, kaip tiesiau nuvažiuoti į centrą?
4. Taip blogai jaučiuosi visą dieną. Patark, ką daryti?
5. Būkit malonus, patarkit, kurį dviratį geriau pirkti.
6. Kaip tu patartum? Dar pabūti ar jau eiti namo?
7. Norėčiau su jumis pasitarti. Mano aštuoniolikmetė duktė nori tekėti.

A. Nusileiskite nuo kalno ir prieš tiltą pasukite dešinėn.
B. Neverta, pažiūrėk, koks gražus oras.
C. Važiuok greičiau namo ir pailsėk.
D. O kas tas vaikinas?
E. Atleisk, dabar turiu bėgti pas mamą į ligoninę.
F. Geriausias šitas, bet jis ir brangiausias.
G. Pabūk, dar nevėlu.

2 pratimas. *Darbas poromis.* Jūs turite problemų. Nenorite, kad draugai ar pažįstami jas žinotų, bet vienas jų negalite išspręsti. Paskambinkite į psichologų kabinetą ir, išdėstę savo reikalą, paprašykite patarimo.

Nesutariate su savo draugu/drauge.
Nesuprantate savo tėvų/vaikų.
Visada blogai jaučiatės didelėje kompanijoje.

Bijote būti vienas tuščiuose namuose.
Nepasitikite savimi darbe.

3 pratimas. Parašykite, kaip prasidėjo dialogai.

A – . . . .
B – Patariu nepirkti produktų šioje parduotuvėje.

A – . . . .
B – Patarčiau nevalgyti riebaus maisto ir daugiau judėti.

A – . . . .
B – Nenoriu kištis į tavo reikalus.

A – . . . .
B – Nepatariu draugauti su šiuo žmogumi, nes juo negalima pasitikėti.

A – . . . .
B – Nieko negaliu patarti, nes niekada neturėjau tokių problemų.

4 pratimas. Žurnale radote įdomios statistikos. Apžiūrėkite diagramas, perskaitykite komentarus. Pažymėkite teisingus teiginius.

Galbūt skaitytojams pasirodys įdomūs atsakymai į klausimus, ką jaunimas labiausiai vertina darbe. Tai rodo ši diagrama.

geras užmokestis
įdomus darbas
malonūs bendradarbiai
galimybės bendrauti
kūrybiškumas
karjera

0   10   20   30   40   50   60   70   80

Anketoje taip pat buvo klausimas, iš kur jaunimas gauna pinigų gyvenimui. Antroje diagramoje matote atsakymų rezultatus.

tėvų parama
darbas valstybinėje įmonėje
darbas privačioje įmonėje
paties privatus verslas
stipendija

0   5   10   15   20   25   30

	taip	ne
1. Beveik visi nori gauti didelę algą.	...	...
2. Dauguma nori dirbti tai, kas jiems patinka.	...	...
3. Mažiau nei pusei žmonių svarbu – geri kolegos.	...	...
4. Visi nori darbe bendrauti su žmonėmis.	...	...
5. Kūrybiškumą vertina beveik trečdalis jaunuolių.	...	...
6. Jaunimui svarbu tapti viršininkais.	...	...
7. Beveik trečdaliui jaunimo materialiai padeda tėvai.	...	...
8. Visi gauna algas iš valstybės.	...	...
9. Dalis jaunimo dirba privačiai.	...	...
10. Dauguma jaunimo gyvena iš stipendijos.	...	...

5 pratimas. Jus sudomino žurnale pateikta statistika (6 prat.) ir nusprendėte parašyti savo nuomonę: ką galvojate apie jaunimo atsakymus; kas jums atrodo keista, kas natūralu. Kuo skirtųsi jūsų šalies jaunimo atsakymai į panašius klausimus?

. . . .

. . . .

. . . .

. . . .

. . . .

. . . .

6 pratimas. Pažiūrėkite į šiuos paveiksliukus ir raskite 10 skirtumų. Išvardykite juos.

7 pratimas. Raskite poras.

pieštukas	segti
klijai	trinti
bendradarbis	piešti
žirklės	rašyti
trintukas	gauti
tušinukas	dirbti
alga	kirpti
sąvaržėlė	klijuoti

8 pratimas. Čia yra atsakymai. Parašykite, kokie buvo klausimai.

1. . . . . ? Aš paprastai keliuosi 8 valandą.

2. . . . . ? Dažniausiai prausiuosi šaltu vandeniu.

3. . . . . ? Aš dažnai valausi batus.

4. . . . . ? Aš paprastai šukuojuosi šepečiu, ne šukomis.

5. . . . . ? Žiemą aš rengiuosi kailiniais.

6. . . . . ? Labai džiaugiuosi, kai gaunu laišką.

7. . . . . ? Aš gana retai perkuosi naujų drabužių.

8. . . . . Lietuvių kalbos pamoka baigiasi už

. . . . ? pusvalandžio.

9. . . . . ? Dabar mokausi japonų kalbos.

10. . . . . Savaitgaliais ilgai kalbuosi su draugėmis

. . . . ? telefonu.

9 pratimas. Parinkite kiekvienam veiksmažodžiui tinkamą žodį. Sugalvokite ir parašykite sakinių.

Šukos, dovana, matematika, lova, vanduo, draugas, dantys, rankšluostis, namas, geras oras.

Pavyzdys:
Šukuotis – šukos. Aš šukuojuosi šukomis, o ne šepečiu.

Praustis – . . . .

Šluostytis – . . . .

Klotis – . . . .

Valytis – . . . .

Pirktis – . . . .

Džiaugtis – . . . .

Kalbėtis – . . . .

Mokytis – . . . .

Tikėtis – . . . .

10 pratimas. Baikite rašyti klausimus ir atsakymus.

Pavyzdys:
Ar jau apsivilkai paltą? (velkasi, vilkosi)
Ne, bet jau velkuosi.

1. Ar jau *nu* . . . . batus? (*valosi, valėsi*)

   Ne, bet dabar . . . .

2. Ar jau *nu* . . . . barzdą? (*skutasi, skutosi*)

   Ne, bet jau . . . .

3. Ar jau *su* . . . . daiktus į lagaminą? (*dedasi, dėjosi*)

   Ne, bet dabar . . . .

4. Ar jau *iš* . . . . naujus žodžius? (*mokosi*)

   Ne, bet dabar . . . .

5. Ar jau *su* . . . . ? (*šukuojasi, šukavosi*)

   Ne, bet dabar . . . .

6. Ar jau *iš* . . . . kavos? (*verdasi, virėsi*)

   Ne, bet dabar . . . .

7. Ar *už* . . . . pirštines? Labai šalta. (*maunasi, movėsi*)

   Ne, bet jau . . . .

8. Ar labai *ap* . . . . , kai gavai laišką? (*džiaugiasi, džiaugėsi*)

   Taip, ir dabar dar labai . . . .

9. Ar *nu* . . . . rankas? (*plaunasi, plovėsi*)

   Ne, bet dabar . . . .

11 pratimas. Baikite pildyti lentelę.

Ką veikti?	šiandien	vakar	rytoj
autis	aunuosi	aviausi	ausiuosi
	rengiasi		
		prausiausi	
			valysiesi
džiaugtis			
		baigėsi	
	šukuojiesi		
			plausis
	skutasi		
kalbėtis			
		mokeisi	

12 pratimas. Baikite rašyti sakinius.

Pavyzdys:
Vakar aš kėliausi labai anksti. – Rytoj taip pat <u>kelsiuosi</u> anksti.

1. Šiandien vakare gulsiuosi vėlai, nes turiu daug darbo.

   Vakar taip pat . . . . vėlai.

2. Vakar visą dieną brolis klausėsi muzikos.

   Šiandien jis taip pat . . . .

3. Mama labai džiaugsis tavo dovana.

   Ji visada . . . . dovanomis.

4. Kasdien lyja, todėl kasdien valausi batus.

   Kai nelis, ... tik kartą per savaitę.

5. Tėvas visada prausiasi šaltu vandeniu.

   O aš . . . . tik šiltu.

6. Dabar visi dantis valosi pasta.

   Mano prosenelis dantis . . . . druska.

7. Aš retai šukuojuosi kirpykloje.

   Bet rytoj . . . . ten.

8. Šiandien visą dieną mokiausi egzaminui.

   Rytoj taip pat . . . .

9. Visada rytais verduosi stiprią kavą.

   Mano senelė taip pat . . . . sau stiprią kavą.

13 pratimas. Sujunkite žodžius, kurie tinka vienas prie kito. Paskui liepkite draugams atlikti šiuos veiksmus.

skara	vilktis	*vilkis, vilkimės, vilkitės*	*apsivilk*	*nusivilk*
paltas	autis	. . . .	. . . .	. . . .
kelnės	segtis	. . . .	. . . .	. . . .
batai	mautis	. . . .	. . . .	. . . .
saga	rištis	. . . .	. . . .	. . . .

14 pratimas. Liepkite ir paprieštaraukite.

Pavyzdys:
Vilktis, paltas. <u>Vilkis paltą. – Ne, nesivilksiu.</u>

1. Autis, šilti batai. – . . . .
2. Valytis, dantys. – . . . .
3. Šukuotis. – . . . .
4. Skustis, barzda. – . . . .
5. Mautis, pirštinės. – . . . .
6. Keltis. – . . . .
7. Gultis. – . . . .
8. Mokytis, eilėraštis. – . . . .
9. Praustis. – . . . .
10. Dėtis, kepurė. – . . . .

15 pratimas. Pakeiskite sakinius pagal pavyzdį.

Pavyzdys:
Tėvas gulasi, kai nori miegoti. – <u>Tėvas gultųsi, jei norėtų miegoti.</u>

1. Brolis mokosi, kai nori. – . . . .
2. Sesuo džiaugiasi, kai gauna dovaną. – . . . .
3. Mes ilsimės, kai galime. – . . . .
4. Aš džiaugiuosi, kai gaunu laišką. – . . . .
5. Jūs tikrai ilgai kalbatės, kai tik susitinkate. – . . . .
6. Kai esu prie ežero, maudausi. – . . . .
7. Kai Liudas turi pinigų, perkasi knygų. – . . . .
8. Kai ji yra namie, klausosi muzikos. – . . . .

16 pratimas. Parašykite sakinių pradžias.

Pavyzdys:
(Mielai, ilsėtis) – <u>Mielai ilsėčiausi</u>, bet turiu daug darbo.

1. (*Aš, pirktis, mašina*) . . . . , bet neturiu pinigų.
2. (*Brolis , mielai, klausytis, muzika*) . . . . , bet neturi grotuvo.
3. (*Jonas, maudytis*) . . . . , bet nėra šilto vandens.
4. (*Aš, mielai, gultis, anksti*) . . . . , bet yra daug darbų.
5. (*Linas, mokytis*) . . . . , bet tingi.
6. (*Autis*) . . . . , bet nerandu kito bato.

17 pratimas. Pagal paveiksliukus papasakokite apie Vinco Lapės dieną, ką jis veikia. O dabar įsivaizduokite, kad viskas buvo vakar, ir parašykite trumpą pasakojimą būtuoju laiku.

. . . .

. . . .

. . . .

. . . .

. . . .

. . . .

. . . .

. . . .

. . . .

. . . .

. . . .

. . . .

. . . .

18 pratimas. Atsakykite į klausimus pagal pavyzdį.

Pavyzdys:
Ar rašai ilgus laiškus draugams? <u>*Nerašau ilgų laiškų draugams. Anksčiau rašiau, bet dabar neberašau.*</u>
–

1. Ar brolis skaito storus romanus? . . . .
. . . .

2. Ar sesei patinka filmai apie meilę? . . . .
. . . .

3. Ar tu mėgsti rūgščius obuolius? . . . .
. . . .

4. Ar jūs mokotės japonų kalbos? . . . .
. . . .

5. Ar jūs vasarą važiuojate prie jūros? . . . .
. . . .

6. Ar jūs keliaujate į kalnus? . . . .
. . . .

7. Ar Darius draugauja su Milda? . . . .
. . . .

8. Ar Linas prausiasi šaltu vandeniu? . . . .
. . . .

9. Ar Audra džiaugiasi savo nauju darbu? . . . .
. . . .

10. Ar tėvai pykstasi su vaikais? . . . .
. . . .

19 pratimas. Parinkite ir įrašykite tinkamą žodį.

Niekas, nė vienoje, nė vienas, nė viena, joks, jokios, niekaip, niekur, niekada.

1. Ar man . . . . neskambino?
2. nerandu savo akinių: ieškojau ir ant stalo, ir ant lentynos.
3. iš mano draugų nematė naujos parodos.
4. Aš . . . . nebuvau Paryžiuje, bet labai noriu ten nuvažiuoti.
5. iš mano draugių negali ateiti į tą vakarėlį.
6. nesuprantu, kaip tu gali miegoti visą dieną.
7. „Kada grąžinsi mano knygą?" – „Atleisk, bet aš neturiu . . . . tavo knygos."
8. „Ar galėsime susitikti šį vakarą? Juk tu turi tiek daug darbų." – „ . . . .
darbas man negali sutrukdyti susitikti su tavimi."
9. bibliotekoje neradau reikalingos literatūros.

20 pratimas. Baikite dialogus pagal pavyzdį.

Pavyzdys:
A Ar kino teatre dar rodo tą įdomų filmą?
B Taip, šią savaitę dar teberodo. / Gaila, bet jau neberodo.

1. A Ar tavo mama dar kepa tą skanų obuolių pyragą?

   B ....

2. A Ar jūsų brolis dar rašo eilėraščius?

   B ....

3. A Ar jūs dar gyvenate tame puikiame name?

   B ....

4. A Jurgi, ar tu dar draugauji su ta žavia mergina?

   B ....

5. A Ar jums dar rašo laiškus draugai iš Kanados?

   B ....

6. A Ar jūs dar skaitote paskaitas universitete?

   B ....

21 pratimas. Raskite žodžių poras ir sugalvokite sakinių.

visur	joks
visada	nė vienas iš mūsų
visi	niekaip
keli iš mūsų	niekas
koks	niekur
kaip	niekada

1. ....   2. ....

3. ....   4. ....

5. ....   6. ....

7. ....   8. ....

9. ....   10. ....

11. ....   12. ....

22 pratimas. Parašykite šiuos sakinius neigiamai.

Pavyzdys:
Tik vienas iš mūsų žinojo, kad pamokos nebus. – Nė vienas iš mūsų nežinojo, kad pamokos nebus.

1. Visi skaitė šią knygą. – ....

2. Tik du iš mūsų galės važiuoti į ekskursiją. – ....

3. Girdėjau daug naujienų. – . . . .

4. Visi suprato šį pratimą. – . . . .

5. Mieste visur parduoda bananus. – . . . .

6. Aš buvau Londone. – . . . .

7. Visos mano draugės dabar ilsisi prie jūros. – . . . .

8. Tu visada vėluoji. – . . . .

9. Šią žiemą Lietuvoje visur buvo daug sniego. – . . . .

10. Jis labai mėgsta keliauti visaip, visur ir visada. – . . . .

23 pratimas. Iš kokių žodžių sudaryti šie:

Pavyzdys:
Šuniukas – šuo.

Katinėlis –	Sūnelis – . . . .
Paukštelis –	Lėkštutė – . . . .
Puodukas –	Mindaugėlis – . . . .
Katytė –	Petriukas – . . . .
Rankytė –	Batelis – . . . .
Sijonėlis –	

24 pratimas. Sudarykite žodžių. Pasakykite su jais sakinių.

. . . .	-ukas
. . . .	-ėlis
. . . .	-ėlė
. . . .	-utė
. . . .	-ytė
. . . .	-elis

25 pratimas. Prisiminkite profesijų pavadinimus. Klausydami tekstų, pažymėkite, kokios profesijos žmogus kalba. Užpildykite lentelę.

Teksto nr.	Profesija	Kas darbe patinka	Kas darbe nepatinka
	Stalius		
	Aktorė		
	Gydytojas		
	Politikas		
	Mokytoja		
	Kepėjas		

26 pratimas. Papasakokite apie savo šeimą, kitus mylimus žmones ar mėgstamus daiktus, vartodami deminutyvus.

27 pratimas. Pasakykite pagal pavyzdį.

Pavyzdys:
Petras sėdasi. – Petrai, sėskis.

28 pratimas. Pasakykite pagal pavyzdį. Kad būtų lengviau, žiūrėkite į veiksmažodžių priešdėlius.

Pavyzdys:
Linas rengiasi. Ap-   Linas apsirengė.

1. pa-   6. nu-
2. pa-   7. nu-
3. pa-   8. nu-
4. pa-   9. su-
5. ap-   10. su-

29 pratimas. Pasakykite pagal pavyzdį.

Pavyzdys:
1. Brolis rašo. – Brolis dar teberašo. Brolis jau neberašo.

30 pratimas. Pabraukite kirčiuotus skiemenis.

Keliasi, atsikelia, atsikėlė, atsikels.

Rengdavosi, rengsis, rengiasi, apsirengė.

Šluostytis, nusišluostė, šluostysis.

Autis, aunasi, apsiavė, apsiaus.

Juoktis, nusijuokė, juokdavosi, juoksis.

Šypsotis, nusišypsos, šypsosi, nusišypsojo.

Baigiasi, pasibaigs, pasibaigė, baigdavosi.

DVYLIKTOJI PAMOKA

1 pratimas. Raskite poras.

A. Bijau, kad nesugebėsiu gerai atlikti šio darbo.

B. Draudžiu, sūnau, net tris valandas per dieną žiūrėti televizorių.

C. Aš įspėjau, kad blogai baigsis šis jūsų sumanymas.

D. Užjaučiu, kad teko išgyventi tiek baimės, kai pakliuvote į avariją.

E. Gaila, kad negalėjai ateiti į mano gimtadienį.

F. Turiu vilties, kad visus darbus tikrai pabaigsiu iki atostogų.

G. Nevalgyk tiek daug saldumynų.

H. Neramu, kad sūnus taip ilgai negrįžta.

1. Bet pabandyti buvo įdomu ir naudinga.

2. Ar Jonas buvo?

3. Būtų gerai.

4. Nereikia apie save taip galvoti.

5. Kad labai skanu.

6. Nesijaudink, nieko blogo neatsitiks, jis juk ne vienas.

7. Ačiū Dievui, viskas jau pasibaigė.

8. Bet juk toks įdomus filmas!

2 pratimas. *Darbas poromis.* Pažiūrėkite į paveiksliukus ir išsiaiškinkite, kas atsitiko. Kaip galėtumėte paguosti, nuraminti, padrąsinti?

1 situacija *2 situacija* *3 situacija* *4 situacija*

3 pratimas. Sudarykite du sąrašus, kas žmonėms labiausiai kelia nerimą, o kas atrodo patrauklu. Kokia eilės tvarka surašytumėte? Ką dar galėtumėt įrašyti?

Nedarbas, geras darbas, nusikalstamumas, geri draugai, nuobodulys, katastrofos, ilgas gyvenimas, senatvė, kelionės, mirtis, didelis uždarbis, laiminga vaikų ateitis, ligos, gamtos užterštumas, per didelis gyvenimo tempas, blogi santykiai su viršininkais, triukšmas.

Eilės Nr.	Nerimas, baimė	Svajonės

4 pratimas. *Darbas poromis.* Pasikalbėkite poromis, lyg jūs būtumėte šie žmonės. Pažiūrėkite į paveiksliukus ir papasakokite, ko bijo, dėl ko nerimauja, ką draudžia daryti.

5 pratimas. Perskaitykite ir pažymėkite teisingą atsakymą.

A. – Kaip manote, gydytojau, ar aš pasveiksiu?
   – Būkite ramus: jūsų liga – mano darbas. Vieną tokį ligonį jau gydau dešimt metų.

Pacientas:
a) nepasveiks;
b) pasveiks, jei bus ramus;
c) pasveiks po dešimt metų;
d) ilgai sirgs.

B. – Po žmonos skaniai pagamintų pietų aš surūkau cigaretę.
   – Ar nepakenks sveikatai?
   – Tos kelios cigaretės per metus neturėtų pakenkti.

Vyras:
a) kasdien po pietų rūko;
b) rūko iš karto daug;
c) rūko, bet bijo pasekmių;
d) retai pietauja namuose.

C. Ūkininkas ateina pas gydytoją ir sako:
   – Pone gydytojau, sergu skrandžio ligomis. Nežinau, ką valgyti, ką gerti.
   – Na, tai žinai, valgyk dietiškai. Pusryčių 50 gramų sviesto, 50 gramų duonos ir stiklinė arbatos. Tai bus dieta.
   – Pone gydytojau, kada tą dietą valgyti: ar prieš pusryčius, ar po pusryčių?

Ūkininkas:
a) nenori dietos;
b) nieko nesupranta;
c) nemėgsta sviesto;
d) nežino ką valgyti.

D. Gydytojas kalba su pacientu:
   – Turite mesti rūkyti. Tada jūsų gyvenimas pailgės dvidešimt metų.
   – Bet ar ne vėlu, pone gydytojau?
   – Niekada ne vėlu.
   – Na, gerai, tai aš palauksiu dar dešimt metų.

Pacientas:
a) nenori mesti rūkyti;
b) rūpinasi savo sveikata;
c) neberūkys dešimt metų;
d) per senas mesti rūkyti.

6 pratimas. Įrašykite tinkamą žodžio *savęs* formą.

1. Mama . . . . nieko neperka. (*kam?*)

2. Jis pats iškėlė . . . . kandidatu į deputatus. (*ką?*)

3. Brolis visada patenkintas . . . . (*kuo?*)

4. Kas . . . . nemyli, tas ir kitų nemokės mylėti. (*ko?*)

5. . . . . Jonas nieko niekada negaili. (*kam?*)

6. Mano močiutė dažnai kalbasi su . . . . (*kuo?*)

7. Tėvas niekada nesaugo . . . . ,
   todėl dažnai serga. (*ko?*)

8. Tau reikia labiau pasitikėti . . . . (*kuo?*)

9. Pirmiausia paklausk . . . . ,
   ar tikrai esi teisus. (*ko?*)

10. Jurgis labai myli . . . . (*ką?*)

7 pratimas. Raskite poras.

pasitepti	gerklė
bėga	ranką
kyla	pleistrą
neturiu	tabletes
susilaužyti	tepalu
gerti	temperatūra
užklijuoti	apetito
paraudo	kraujas

8 pratimas. Žodžius iš lentelės surašykite į schemą.

Poliklinika, sloga, seselė, milteliai, kosėti, turėti temperatūros, tabletės, ligoninė, chirurgas, pacientas, mikstūra, namie, blogai jaustis, vitaminai, skauda gerklę, gydytojas, ampulės, odontologas, gydytojo kabinetas, ligonis, tepalas.

. . . .

. . . .

. . . .
                              (kas gydo   (kur gydytis)   . . . .
. . . .   ar gydosi)   . . . .

                                     (liga)

. . . .

. . . .   (vaistai)   (simptomai)   . . . .

. . . .

. . . .

. . . .

9 pratimas. Baikite rašyti laišką: parinkite ir įrašykite tinkamą žodį.

Save × 2, savyje × 2, savo × 3, savęs, savimi, sau.

Mieloji mama!

Kaip tu gyveni? Kaip laikosi mano broliukas ir sesė? Ar nepamiršti pasirūpinti ir pati . . . . ? Žinau, kad visada per mažai dėmesio skiri . . . . ir . . . . sveikatai.

Aš gyvenu neblogai. Daug dirbu. Poilsio beveik neturiu. Kartais labai pavargstu, tada atsiranda daug problemų. O priežasčių reikia ieškoti . . . . Draugai kartais ima bartis, kad visai negalvoju apie . . . . Galbūt. Bet vis dažniau susimąstau apie . . . . ateitį. Juk kai tiek daug dirbu, užsidarau . . . . ir lieku vienas . . . . namie. Vienas ir pavargęs. Tada labiausiai už viską nemėgstu pats . . . . Bijau vienatvės. Bet nežinau, kaip ją nugalėti.

Na, reikia baigti. Atleisk, kad taip liūdnai rašau apie . . . . Iš tikrųjų nieko baisaus nėra. Galbūt nedidelė depresija. Bet ji praeis.

Perduok linkėjimų visiems namiškiams.

Bučiuoju!
Tavo sūnus Modestas

10 pratimas. Parašykite trumpą mamos atsakymą Modestui.

. . . .

. . . .

. . . .

. . . .

. . . .

. . . .

. . . .

11 pratimas. Įrašykite kažkas, kažkoks ar kas nors, koks nors, kai kas tinkamą formą.

1. Imk . . . . nuo stalo ir valgyk.

2. . . . . iš mūsų turėtų pasakyti tiesą.

3. Nupirk . . . . knygą apie keliones.

4. Tėvas parsinešė . . . . naują žurnalą.

5. . . . . nepažįstamas žmogus atnešė tau laišką.

6. . . . . tavo draugas skambino prieš dešimt minučių.

7. . . . . bičiulis tikrai paskambins tau vakare.

8. „Gal nori valgyti?" – „Mielai suvalgyčiau . . . ."

9. Mama, pas tave . . . . atėjo. Labai apsidžiaugsi.

10. Norėčiau pamatyti . . . . dokumentinį filmą apie Afrikos gamtą.

11. Lina, ... tau atnešė gėlių. Atspėk, kas.

12 pratimas. Parašykite, kokie buvo klausimai.

Pavyzdys:
Gal kas nors matė mano akinius? – Ne, tikrai niekas nematė.

1. . . . . ? – Taip, kažkas skambino.

2. . . . . ? – Aš galėčiau.

3. . . . . ? – Manau, kad bet kas.

4. . . . . ? – Taip, kai kas norėjo tave pamatyti.

5. . . . . ? – Žinoma, kas nors tau paskambins.

6. . . . . ? – Gerai, kuris nors iš mūsų ateis.

7. . . . . ? – Atleisk, ne. Šiandien vakare turiu kai ką aplankyti.

8. . . . . ? – Taip, kažkas jūsų laukia.

9. . . . . ? – Puiku, kuri nors iš šių knygų tikrai tiks.

10. . . . . ? – Joks žmogus neklausinėjo apie tave.

13 pratimas. Perskaitykite sakinius ir parašykite klausimus paryškintiems žodžiams.

Pavyzdys:
Man nepatinka <u>netvarkingos</u> šeimininkės. – <u>Kokios šeimininkės nepatinka?</u>

1. Aš nemėgstu *plepių* žmonių. – ....
2. Man gražus *raudonas* vakaro dangus. – ....
3. Iš tų dviejų paveikslų man labiau patinka *anas*. – ....
4. Ateisiu *šeštą* valandą. – ....
5. Sąraše brolis buvo *ketvirtas*. – ....
6. Broliui padėjo jo *senas* pažįstamas. – ....
7. Išvažiuoju *dvidešimtą* dieną. – ....
8. Mano *vyriausias* sūnus šiemet įstojo į universitetą. – ....
9. Pardavėja, norėčiau *to* megztinio. – ....
10. Gerai neatsimenu, bet *kažkuri* draugė man pasakojo šią naujieną. – ....

14 pratimas. Iš dviejų sakinių parašykite vieną.

Pavyzdys:
Mano draugė vakar išvažiavo į Prancūziją. Ji visada svajojo pamatyti Paryžių. – <u>Mano draugė, kuri visada svajojo pamatyti Paryžių, vakar išvažiavo į Prancūziją.</u>

1. Saulė leidosi už miško. Ji visą dieną mielai šildė žmones. – ....
   ....

2. Vaikai norėjo eiti į cirką. Į mūsų miestą atvažiavo cirkas. – ....
   ....

3. Liudas padovanojo Danutei gėlių. Jis Danutę labai myli. – ....
   ....

4. Mama laukė tėvo. Jis turėjo grįžti iš darbo prieš pusvalandį. – ....
   ....

5. Ateik į kino festivalį. Jis vyks Parodų centre. – ....
   ....

6. Dailininkas atidarė savo darbų parodą. Laikraščiai apie tą parodą jau rašė. – ....
   ....

7. Rytoj prasidės atostogos. Jų aš labai laukiau. – ....
   ....

8. Sekmadienį atvažiuos viena mano teta. Jos aš nemačiau jau kelerius metus. – ....
   ....

9. Po savaitės aš laikysiu egzaminą. To egzamino labai bijau. – ....
   ....

10. Mama gavo laišką. Tas laiškas labai ją pradžiugino. – ....
    ....

15 pratimas. Įrašykite reikiamą žodžio kuris, kuri formą.

Pavyzdys:
Atvažiavo pažįstamas, <u>kuris</u> vakar grįžo iš Italijos.

1. Mergaitė, su .... kalbėjosi brolis, buvo iš gretimo buto.

2. Parduotuvė, ... dirba Rūta, yra Pamėnkalnio gatvėje.

3. Visos knygos, ... aš esu perskaitęs, yra iš Juliaus bibliotekos.

4. Laikraštyje, ... pirkau rytą, rašoma, kad vaikas,

   .... buvo skubiai reikalinga operacija, jau surinko pinigų sumą,

   .... reikia sumokėti už gydymą.

5. Labai laukiu atostogų, ... noriu praleisti prie jūros.

6. Draugė, nuo .... gavau šį laišką, gyvena Italijoje.

7. Turėjau stotyje sutikti žmogų, su .... niekada nebuvau pažįstama.

16 pratimas. Prie kiekvieno paveiksliuko parašykite po du sakinius. Pasikeiskite darbais su draugu. Tegu jis parašo iš jūsų dviejų sakinių savo vieną su žodeliu kuris ar pan.

Pavyzdys:
Vaikas dabar yra prie jūros. Jis stato pilį. –
<u>*Vaikas, kuris stato pilį, dabar yra prie jūros.*</u>

....

....

....

....

....

....

....

....

....

17 pratimas. Iš vieno sakinio parašykite du.

Pavyzdys:
Atėjo kažkoks žmogus, kuris vakar jums skambino telefonu. – Atėjo kažkoks žmogus. Jis vakar jums skambino telefonu.

1. Prie durų staiga sustojo mašina, iš kurios išlipo keli mano draugai. – . . . .
. . . .

2. Namas, kuriame gyvenu, stovi ant upės kranto. – . . . .
. . . .

3. Ta knyga, kurią ką tik baigiau skaityti, yra iš bibliotekos. – . . . .
. . . .

4. Bateliai, kuriuos padovanojo tėvas, man maži. – . . . .
. . . .

5. Man niekaip nesiseka referatas, kurį reikia parašyti iki pirmadienio. – . . . .
. . . .

6. Tas mano pažįstamas, kuriam aš parašiau šį laišką, yra garsus dailininkas. –
. . . .

7. „Vilijos" kavinė, kurioje tavęs lauksiu, yra Gedimino prospekte, tiesiai prieš paštą. – . . . . .
. . . .

8. Tekstas, kurį reikėjo išversti namuose, buvo nesunkus. – . . . .
. . . .

18 pratimas. Baikite rašyti sakinius.

Pavyzdys:
Draugas, <u>kurį su tavimi sutikome stotyje</u>, yra iš Kauno.

1. Mergina, kuri . . . . , buvo panaši į Indrę.

2. Vaikas, kurio. . . . . , miegojo po medžiu.

3. Žmonės, kuriems . . . . , nėra patikimi.

4. Gėlės, kurias . . . . , maloniai kvepėjo.

5. Mašina, kuria . . . . , buvo visai nauja.

6. Gatvė, kurioje . . . . , yra netoli universiteto.

19 pratimas. Baikite sakinius, pavartodami kuris, kuri tinkamas formas:

Pavyzdys:
Štai ta knyga, ... Štai ta knyga, <u>kurią</u> vakar nusipirkau.

1. Mėgstu dėstytojus, ...

2. Čia universitetas, ...

3. Vėl sutikau tą merginą, ...

4. Štai ta moteris, ...

5. Paduok knygą, ...

6. Nemėgstu žmonių, ...

7. Pagaliau parašiau laišką, ...

20 pratimas. Skaitydami dialogą, įrašykite tinkamą kuris, kuri formą:

A: Žiūrėk, tai Algis!

B: Tai studentas, ... gyvena mūsų bendrabutyje.

A: Taip, tai vyras, ... visos moterys laiko labai gražiu.

B: Ir tu taip manai?

A: Aš nemėgstu vyrų, ... gražūs kaip lėlės. Man labiau patinka tokie, ... laikau
protingais.

B: Ar tas Algis protingas?

A: Manau, nelabai. Žiūrėk, Aurelija!

B: Kokia Aurelija?

A: Mergina, ... išeina kartu su Algiu. Aš jos tiesiog nekenčiu!

B: Ar čia ta nauja studentė, ... tėvas profesorius?

A: Koks profesorius?

B: Tas, ... mus rytoj egzaminuos.

21 pratimas. Parašykite pagal pavyzdį:

Pavyzdys:
Vaikui smagu šokti per balą. – <u>Jam labai smagu šokinėti per balas.</u>
Jis neša laikraščius. – <u>Jis nešioja laikraščius.</u>

1. Man patinka važiuoti dviračiu. – ....

2. Ar tu moki joti? – ....

3. Nebėk taip smarkiai, pargriūsi. – ....

4. Neklausk manęs, apie tai aš nieko nežinau. – ....

5. Jis rašo straipsnelius į laikraštį. – ....

6. Ji dažnai perka nereikalingus daiktus. – ....

7. Ne visada į mokytojo klausimus atsakau puikiai. – ....

8. Jurga, tas vaikinas jau pusvalandį seka tave akimis. – ....

22 pratimas. Parinkite ir įrašykite žodžius, kurių trūksta:

ar, kad, kas, ko, kam, ką, su kuo, kur, kada, kaip, kodėl.

1. Brolis tikrai žino, ... pigiausiai nuvykti į Paryžių.

2. Ar tu žinai, ... į Vilnių atvažiuoja baletas iš Japonijos? Po savaitės ar vėliau?

3. Nežinau, ... galėsiu šeštadienį važiuoti į ekskursiją.

4. Tėvai žino, ... ir .... dabar aš esu.

5. Žinai, ... aš labiausiai norėčiau? Atostogų.

6. Nežinau, ... tu taip manai.

7. Julius žino, ... parašė tą laišką.

8. Tikrai nežinau, ... brolis nupirko tą puikią dovaną.

9. Žinau, apie .... rašysiu referatą.

10. Tikrai žinau, ... visa tai yra tiesa.

23 pratimas. Baikite sakinius.

1. Nežinau, kas ....

2. Manau, kad ....

3. Tėvas pasakė, kodėl ....

4. Kodėl nepagalvojai, ar ....

5. Pasakyk, ką ....

6. Draugai parašė, kur ....

7. Ar negalėtum man pranešti, kada ....

8. Prašom pasakyti, kiek ....

9. Paaiškink, kaip ....

10. Bijau, kad ....

24 pratimas. Parašykite sakinių su šiais žodžiais:

klausinėti . . . .   klausti . . . .

plaukioti . . . .   plaukti . . . .

atsakinėti . . . .   atsakyti . . . .

nešioti . . . .   nešti . . . .

vaikščioti . . . .   eiti . . . .

25 pratimas. *Darbas poromis.* Pasikalbėkite su draugu ir pasakykite, kaip jaučiatės, jeigu:

persivalgėte;   per daug mokėtės;
slidinėjote ir nugriuvote;   sergate gripu;
persikaitinote saulėje;   įsipjovėte pirštą.
ilgai vaikščiojote su per mažais batais;

Kaip reaguoja draugas?

26 pratimas. Stasė ir Kazys su savo 3 vaikais kasmet per atostogas važiuoja į mažą žvejų kaimelį prie jūros. Jie nuomoja ten nedidelį vasarnamį. Paskaitykite Stasės dienoraščio ištraukas ir nustatykite datas, kada kas buvo parašyta.

1. O varge! Čia ne alergija, o gripas! Vargšas Mykoliukas. Vakar vakare jam pakilo aukščiausia temperatūra, gerklė baisiausiai raudona, prasidėjo kosulys. Bijau, kad neužsikrėstų kiti vaikai.

2. Pagaliau prasidėjo atostogos! Šįkart kartu su mūsų šeima atvažiavo ir mano mama su brolio vaikais – Simona ir Rimu. Gerai, mama padės šeimininkauti ir prižiūrėti vaikus. Visi linksmi ir patenkinti, tik Kazys labai pavargęs, skundžiasi, kad skauda galvą. Jis nemėgsta taip ilgai vairuoti mašinos, juk važiavome net 5 valandas.

3. Šiandien Mykolui jau daug geriau. Temperatūra nukrito, bet dar skauda gerklę. Dabar jau sunku jį išlaikyti lovoje, kai kiti vaikai nuo ryto iki vakaro maudosi jūroje. Bet gi dar viena bėda – mama vakar persikaitino saulėje! Iš paplūdimio ji grįžo visa raudona, visą naktį negalėjo užmigti, taip visur skaudėjo. Argi tai protinga?

4. Šiandien pirmąsyk visi išėjome pasivaikščioti į Raganų kalną. Ėjo net močiutė. Kol mes ramiai užlipome į kalno viršūnę, vaikai bėgiojo aukštyn ir žemyn gal 3 kartus. Kai bėgo trečią kartą, visi šokinėjo nuo akmens ant akmens. Rimas nugriuvo ir nusibrozdino visą koją, baisiausiai bėgo kraujas. O Mykolas pradėjo sloguoti. Gal alergija? Reikės nupirkti jam vienkartinių nosinių.

5. Pagaliau šiandien jau beveik visi sveiki. Gal ir aš galėsiu pajusti atostogas. Tik Andriui per pietus pradėjo skaudėti pilvą. Rimas sakė, kad jie paplūdimyje suvalgė po 4 porcijas ledų. Na, ir baisios šiemet atostogos. Vienos ligos ir ligoniai. Greičiau jau reikėtų eiti į darbą!

Liepos 6 d., liepos 7 d., liepos 8 d., liepos 9 d., liepos 11 d.

1. . . . .   2. . . . .   3. . . . .   4. . . . .   5. . . . .

27 pratimas. Paklausykite pokalbio telefonu ir pažymėkite, kurie teiginiai teisingi, o kurie ne.

	taip	*ne*
1. Sūnus ilgai neskambino namo.	...	...
2. Egzaminas vyks tris dienas.	...	...
3. Jis laikys lietuvių literatūros egzaminą.	...	...
4. Po egzamino namo neparvažiuos.	...	...
5. Mama apie kelionę nieko nežinojo.	...	...
6. Kelionė truks 5 dienas.	...	...
7. Sūnus prašo mamos pinigų.	...	...
8. Vaikino tėvas serga.	...	...
9. Sesei mokykloje nepasisekė.	...	...
10. Mama palinkėjo sėkmės per egzaminą.	...	...

28 pratimas. Perskaitykite sūnaus žodžius ir parašykite patys, ką sakė mama.

Dar kartą paklausykite pokalbio ir palyginkite, ką iš tikrųjų sakė mama ir ką jūs parašėte.

Sūnus Alio!

Mama ....

Sūnus O, mama, labas. Kaip tu gyveni?

Mama ....

Sūnus Jau savaitę? Man atrodo, tik ką skambinau. Matai, ruošiuosi rusų literatūros egzaminui. Lietuvių literatūrą jau išlaikiau. Dabar daug skaitau.

Mama ....

Sūnus Po trijų dienų. Dvidešimt septintą. Labai daug reikia perskaityti.

Mama ....

Sūnus Deja, mamyte, negrįšiu. Aš tau jau sakiau, kad važiuosime su draugais į kelionę.

Mama ....

Sūnus Negali būti, kad nesakiau. Man atrodo, tikrai sakiau.

Mama ....

Sūnus Į Italijos Alpes. Labai pigi kelionė studentams.

Mama ....

Sūnus 300 litų penkių dienų kelionė.

Mama . . . .

Sūnus Taip, užsidirbau. Juk sakiau, kad laikraščius nešiojau. Pinigų turiu, nereikia iš jūsų. Bet, mama, kaip jūs laikotės? Kaip tėčio sveikata?

Mama . . . .

Sūnus Tai gerai. Po ligos reikia pailsėti. O kaip sesei mokykloje? Tikriausiai vieni dešimtukai?

Mama . . . .

Sūnus Matematikos keturis? Negaliu patikėti. Ji tokia gera matematikė.

Mama . . . .

Sūnus Ačiū. Būtinai.

Mama . . . .

Sūnus Gerai, paskambinsiu. Iki, mamyte! Linkėjimai tėčiui ir sesei!

29 pratimas. Pabraukite kirčiuotus skiemenis.

Sveikata, ligonis, poliklinika, temperatūra, termometras, vitaminai, seselė, ligoninė, vaistinė, tabletė, mikstūra, vaistai, kabinetas, greitoji pagalba, skausmas, kosulys, sloga, angina, gripas, žaizda, savijauta, jaustis, sveikti, pacientas.

TRYLIKTOJI PAMOKA

1 pratimas. Įrašykite žodžius, kurių trūksta.

1. A. . . . . , gal galėtumėte man pasakyti, kur yra gyvūnų parduotuvė?

   B. . . . . eiti iki aikštės, ... sėskite į trečią troleibusą.

   A. Jeigu aš gerai supratau, ...

   B. Ne, ...

   A. Labai ačiū.

2. A. . . . . , ar žinai, kad rytoj Lino gimtadienis?

   B. . . . . ? Nežinojau.

   A. . . . . , kad bus daug svečių.

   B. . . . . O tu eisi?

   A. Manęs nekvietė.

   B. . . . . ?

3. A. Gerbiami žiūrovai, šiandien . . . . interviu su Žaliųjų partijos pirmininku Rimantu Oželiu, o . . . . dokumentinis filmas „Laukiniai Pietūs".

4. A. Ar . . . . , kad nesupratote to, kas buvo pasakyta?

   B. . . . . , kad nebuvo paaiškinta, ką mes turime daryti.

2 pratimas. Raskite poras.

1. Nori pasakyti, kad paskaitos nebus?	A. Nežinau. Aš neisiu.
2. Jolanta išteka? Ką tu sakai?	B. Taip, jam visada patiko dirbti žemę.
3. Liudas laimėjo loterijoje. Įsivaizduoji?	C. Ką jūs sakote! Trečias vaikas!
4. Ar verta eiti į žvėryną? Kaip sakai?	D. Taip, vestuvės šį šeštadienį.
5. Ar žinote, kad mūsų kaimynai vėl turi kūdikį?	E. Abejoju. Sinoptikai visada klysta.
6. Ar tiesa, kad tavo brolis nusipirko sodą?	F. Negaliu patikėti, kad jam taip pasisekė.
7. Skaičiau, kad orai labai atšals. Kaip manai?	G. Taip. Profesorius serga.

3 pratimas. Raskite poras.

vilkas	sodas
kupranugaris	ilgos kojos
obelis	žuvėdra
karvė	ilgas kaklas
gandras	dykuma
pajūris	pilkas
žirafa	pienas
katė	pelė
briedis	dideli ragai

4 pratimas. Apžiūrėkite paveiksliukus ir perskaitykite žodžių sąrašą. Kurie žodžiai tinka gyvūnams charakterizuoti. Pasiruoškite papasakoti apie vieną iš šių gyvūnų.

piktas   darbštus
mielas   išdidus
stiprus   bailus
purvinas gudrus
drąsus   draugiškas
kvailas   suktas

5 pratimas. Raskite poras ir parašykite su jomis sakinių.

jūra	eiti	1. . . . .
mėnulis	žydėti	2. . . . .
gėlė	slinkti	3. . . . .
upelis	banguoti	4. . . . .
vėjas	bėgti	5. . . . .
kelias	šviesti	6. . . . .
debesis	pūsti	7. . . . .

6 pratimas. Papasakokite apie savo šalies peizažą ir klimatą.
Pasakodami atsakykite į tokius klausimus:

1. Prie kokių valstybių yra jūsų šalis?
2. Ar yra netoli jos jūra ar vandenynas?
3. Ar daug upių ir ežerų?
4. Ar yra kalnų? Kokie?
5. Ar jūsų šalyje yra lygumų?
6. Ar daug miškų? Kokie medžiai auga juose?
7. Koks oras įvairiais metų laikais?
8. Tai žemės ūkio ar pramoninė šalis?
9. Ko daugiausia auginama ar gaminama jūsų šalyje?

7 pratimas. Raskite 12 žodžių.

L	A	U	Ž	M	R	E	R	A	D
M	I	R	E	E	Ž	Y	S	O	R
D	Ė	V	M	D	A	L	A	S	A
S	T	R	Ė	I	H	M	U	R	M
O	R	A	S	S	E	G	L	Ė	B
B	K	R	I	A	U	Š	Ė	Z	L
U	L	K	I	Š	K	I	S	R	Y
P	E	L	Ė	S	I	R	L	I	S
A	G	Y	G	A	N	D	R	A	S
R	A	S	L	Y	V	A	S	A	R

8 pratimas. Kaip jūs manote, kurių gyvūnų balsus taip pamėgdžioja lietuviai? Kaip jūs juos pamėgdžiojate gimtąja kalba?

ūūū	žvirblis
bee	katė
mū mū	vilkas
mekeke	arklys
au au	ožka
kakariekū	avis
čik čirik	karvė
miau	šuo
iha ha	gaidys

9 pratimas. Perskaitykite skelbimus ir suraskite, kurie galėtų būti įdomūs:

a) vaikui, kuriam reikia mažos katytės; . . . .

b) berniukui, kuris nori išmokyti savo šunį; . . . .

c) ūkininkui, kuris nori nusipirkti karvę ir ožkų; . . . .

d) poniai, kuri neturi kur palikti per atostogas savo šuns; . . . .

e) mergaitei, kuri nori auginti triušiukus; . . . .

f) senai moteriai, kuriai reikia mažo šuniuko; . . . .

g) berniukui, kurio šuo susirgo; . . . .

h) mergaitei, kuriai reikia kilmingo šuns; . . . .

i) ornitologui, kuris namie laiko daug paukščių. . . . .

1. Parduodu 3,5 m. KOLI veislės juodą šunį su puikios kilmės dokumentais. Vilnius, tel. 579341.	5. Parduodu karvę. Vilnius, tel. 425861.	11. Užupio veterinarinė klinika ir vaistinė laukia jūsų visą parą. Filaretų g. 16, Vilnius, tel. 696125. Veterinarijos gydytojas į namus.
2. Šunų pensionas EGLUTĖ kviečia šuniukus pailsėti nuo šeimininkų. Širvintos, tel. 47316, Vilnius, tel. 448536.	6. Dovanoju PERSŲ veislės kačiuką. Vilnius, tel. 736984.	
	7. Fabijoniškėse rastas BASETŲ veislės šuo. Vilnius, tel. 796512.	
	8. Dovanoju pūkuotus kačiukus. Vilnius, tel. 777670.	12. Parduoda 6 banguotąsias papūgėles ir vieną kalnų papūgą. Vilnius, tel. 412578.
3. Parduodu triušius (10). Vilnius, tel. 685124.	9. Dresuojame šunis. Vilnius, tel. 658971.	13. Dalmatinų veislės kalytei skubiai reikalingas draugas. Vilnius, tel. 698124.
4. Parduodu 1,5 mėn. NYKŠTUKINIŲ PUDELIŲ veislės baltus šuniukus. Vilnius, tel. 447832.	10. Parduodu geros veislės 2,5 mėn. ožkytę ir ožiuką. Vilnius, tel. 486524.	14. Parduodu povų porelę. Vilnius, tel. 465782. Po 19 val.

10 pratimas. Perskaitykite sakinius. Surašykite į lentelę, kokia tvarka jūs sudėtumėte juos į vientisą tekstą.

A. Bet šis dramblys – tai visų didžiausias sausumos gyventojas.

B. Taip ir ne.

C. Ar Afrikos dramblys didžiausias?

D. O ilgis – keturi ir pusė metro.

E. Yra už jį didesnių gyvūnų.

F. Jis sveria apie tris tonas.

1. . . . .

2. . . . .

3. . . . .

4. . . . .

5. . . . .

6. . . . .

11 pratimas. Parašykite sakinius pagal pavyzdį.

Pavyzdys:

Šį mišką pasodino prieš dvidešimt metų. – <u>Šis miškas buvo pasodintas prieš dvidešimt metų.</u>

1. Tą knygą parašė prieš metus. – . . . .

. . . .

2. Miestą įkūrė septynioliktame amžiuje. – . . . .

. . . .

3. Moterį šiandien pakvietė į svečius. – . . . .

. . . .

4. Bulves į Lietuvą atvežė prieš du šimtus metų. – . . . .

. . . .

5. Lietuvoje medžioja kiškius, šernus, stirnas ir kitus gyvūnus. – . . . .

. . . .

6. Mūsų sode tėvas pasodino vieną obelį, tris kriaušes ir dvi slyvas. – . . . .

. . . .

7. Čia vaikai augina triušius. – . . . .

. . . .

8. Lietuvoje kasmet sodina naujus miškus. – . . . .

. . . .

9. Klaĩpėdos universitetą įkūrė visai neseniai. – . . . .

. . . .

10. Fermoje augina karves, kiaules ir avis. – . . . .

. . . .

11. Ūkyje sodina daug daržovių, augina daug vaisių. – . . . .

. . . .

12 pratimas. Pasitarkite su draugais ir mokytoju ir sudarykite sakinius. Ar sužinojote ką nors naujo? Ar žinote panašius duomenis apie kitas šalis?

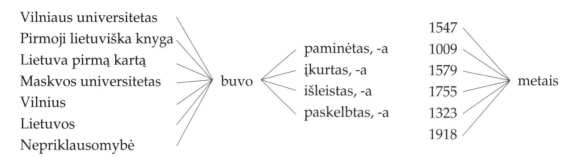

Vilniaus universitetas
Pirmoji lietuviška knyga
Lietuva pirmą kartą
Maskvos universitetas
Vilnius
Lietuvos
Nepriklausomybė

buvo

paminėtas, -a
įkurtas, -a
išleistas, -a
paskelbtas, -a

1547
1009
1579
1755
1323
1918

metais

13 pratimas. Baikite sakinius pagal pavyzdį.

Pavyzdys:
Ar Vengrijoje <u>yra auginamos</u> vynuogės? (auginti)

1. Ar Suomijoje labai . . . . miškai? (*saugoti*)

2. Kaip sakei, kada Lietuva . . . . knygose pirmą kartą? (*paminėti*)

3. Neatsimenu, kokio kunigaikščio . . . . .Vilnius? (*įkurti*)

4. Belgijoje . . . . šokoladas . . . . visame pasaulyje. (*gaminti, mėgti*)

5. Italijoje net kelis kartus per dieną gali būti . . . . makaronai. (*valgyti*)

6. Prancūzijos vyndarių . . . . vynas mielai. . . . . ir Lietuvoje. (*parduoti, pirkti*)

7. Kada . . . . Amerika? (*atrasti*)

8. Olandijos ūkininkų . . . . karvės duoda daug pieno. (*auginti*)

14 pratimas. Baikite sakinius.

Pavyzdys:
Kupranugariai gyvena ten, kur <u>labai karšta</u>.

1. Aš nemėgstu būti ten, kur . . . .

2. Berniukai nubėgo ten, kur . . . .

3. Vynuogės auginamos ten, kur . . . .

4. Aš jį mačiau ten, kur . . . .

5. Ąžuolą pasodino ten, kur . . . .

6. Ten, kur pasėjome javus, ...

7. Tik gyvatės gyvena ten, kur . . . .

8. . . . . ten, kur šilta ir gera.

9. . . . . .ten, kur malonu gyventi.

10. . . . . ten, kur mūsų nėra.

15 pratimas. Atsakykite į klausimus.

Pavyzdys:
Kur tavo namai? – Mano namai ten, kur kelias pasuka dešinėn.

1. Į kur tu norėtum nuvažiuoti? – . . . .

2. Kur norėtum praleisti atostogas? – . . . . –

3. Kur, tu manai, gyventi geriausia? – . . . . –

4. Iš kur tu vakar taip vėlai grįžai? – . . . . –

5. Kur tu padėjai mano daiktus? – . . . .

6. Kur prasideda tas miškas? – . . . .

7. Kur yra kelias į Pãlangą? – . . . .

16 pratimas. Parašykite pagal pavyzdį.

Pavyzdys:
Šiandien koncerte dainuoja garsi dainininkė. – Ji jau padainavo.

1. Brolis rašo laišką. – . . . .

2. Aš valgau vakarienę. – . . . .

3. Mes laukiame draugų. – . . . .

4. Vaikas geria pieną. – . . . .

5. Vėjas jau rimsta. – . . . .

6. Mama prausia dukrą. – . . . .

7. Aš perku draugei dovaną. – . . . .

17 pratimas. Parašykite, kokie buvo klausimai.

Pavyzdys:
A: Ar jau parašei laišką?
B: Ne, dabar rašau.

1. A: . . . .
   B: Ne, dabar skaitau.

2. A: . . . .
   B: Ne, dabar valgau.

3. A: . . . .
   B: Ne, dabar valau.

4. A: . . . .
   B: Ne, rytoj pirksiu.

5. A: . . . .
   B: Kaip tik dabar klausausi.

6. A: . . . .
   B: Tik šeštadienį dovanosiu.

7. A: . . . .
   B: Ne, tik penktadienį skalbsiu.

8. A: . . . .
   B: Ne, bet dabar einu praustis.

9. A: . . . .
   B: Ne, bet jau visai baigiu.

10. A: . . . .
    B: Dar ne, bet ruošiuosi rytoj prašyti.

18 pratimas. Perskaitykite ir perrašykite tekstą, lyg viskas jau buvo, pasibaigė.

Mano draugas Liudas žiūri įdomų filmą. Jis ne tik žiūri, bet ir skaito laikraštį. Kai jis baigia skaityti, ima lėkštę sausainių ir valgo juos. Tada sėdasi ir rašo laišką broliui į Vokietiją. Brolis ten važiavo mokytis. Jis truputį studijuos Leipcigo universitete, o tada iš ten vyks į Berlyną.

. . . .

. . . .

. . . .

. . . .

. . . .

19 pratimas. Perrašykite sakinius pagal pavyzdį:

Pavyzdys:
Jeigu rytoj lis, nevažiuosiu į kaimą. – Nors labai lis, vis tiek važiuosiu.

1. Jeigu rytoj šals, neslidinėsime. – . . . .
2. Jeigu vasarą turėsiu daug pinigų, važiuosiu į Paryžių. – . . . .
3. Jeigu ateis mano draugas, valgysime šokoladą. – . . . .
4. Jeigu ateitų brolis, važiuotume prie ežero.– . . . .
5. Jeigu gaučiau kvietimą, eičiau į tą koncertą. – . . . .
6. Jeigu įstosiu į universitetą, nebesimokysiu muzikos. – . . . .
7. Jeigu išloščiau loterijoje, būčiau laimingiausias žmogus. – . . . .
8. Jeigu bus blogas oras, neisime grybauti. – . . . .

20 pratimas. Parašykite, kas jums nesutrukdytų padaryti tokių dalykų.

Pavyzdys:
Kad ir būčiau labai soti, apelsino neatsisakyčiau.

1 . . . . , tą naują filmą vis tiek pamatysiu.

2. . . . . , susitiksiu šį vakarą su savo draugu.

3. . . . . , nesutinku tekėti už tavęs.

4. . . . . , aš manau, kad esu teisus.

5. . . . . , tikėk, kad viskas bus gerai.

6. . . . . , reikės atlikti tą darbą.

7. . . . . , tau visada paskolinsiu kiek reikės.

8. . . . . , tikrai neateisiu.

9. . . . . , referato parašyti nebespėčiau.

10. . . . . , egzamino neišlaikyčiau.

21 pratimas. Parinkite ir įrašykite reikalingus žodžius.

ar; arba; arba ... , arba ... ; ar ... , ar ... ; nei ..., nei ... .

1. Pas mane atvažiuosi rytoj . . . . poryt?

2. Gerai nežinau, bet rytoj . . . . poryt tikrai atvažiuosiu.

3. Mano dėdė Julius nebuvo pas mus . . . . pernai, ... šiemet. Gal pyksta?

4. Gerai nežinau, kaip brolis grįš. Sakė, kad . . . . skris lėktuvu, ... važiuos traukiniu.

5. . . . . tu man paskambinsi, ... aš turiu paskambinti tau?

6. Sudie. Nepamiršk mūsų, paskambink . . . . parašyk.

7. Parašyti nepažadu. . . . . paskambinsiu, ... atvažiuosiu.

8. . . . . Jonas, ... Petras nieko man nesakė.

9. Atsiprašau, ... penktu, ... antru troleibusu nuvažiuosiu į stotį?

10. Nežinau, ką veiksiu per atostogas: . . . . važiuosiu prie jūros, ... keliausiu.

22 pratimas. Parašykite savo sakinių, kuriuose būtų tokie žodžiai:

nei ... , nei ... .

ar . . . .

kad . . . .

arba ... , arba ... .

ar ..., ar ... .

bet

arba . . . .

23 pratimas. Suraskite, iš kokių žodžių sudaryti šie:

Pavyzdys:
Pakelė – kelias.

Užnemunė.	Čiuožykla . . . .
Pakalnė	Sausuma . . . .
Užjūris	Dirbtuvė . . . .
Užribis	Kepykla . . . .
Slėptuvė.	Užmiestis. . . . .
Pakraštys	Spaustuvė . . . .
Vaistinė	Džiovykla . . . .
Muitinė	

24 pratimas. Kartu su mokytoju sudarykite vietų pavadinimų iš šių žodžių. Parašykite su naujais žodžiais sakinių.

1. Valgyti – . . . .   6. Virti – . . . .   11. Ligonis – . . . .
2. Mokyti – . . . .   7. Slėpti – . . . .   12. Kava – . . . .
3. Valyti – . . . .   8. Dirbti – . . . .   13. Arbata – . . . .
4. Keisti – . . . .   9. Siūti – . . . .   14. Pienas – . . . .
5. Kirpti – . . . .   10. Skaityti – . . . .   15. Alus – . . . .

1. . . . .
2. . . . .
3. . . . .
4. . . . .
5. . . . .
6. . . . .
7. . . . .
8. . . . .
9. . . . .
10. . . . .
11. . . . .
12. . . . .
13. . . . .
14. . . . .
15. . . . .

25 pratimas. Skaitydami tekstą, atskirkite žodį nuo žodžio. Kur reikia, sudėkite skyrybos ženklus, sakinių pradžioje parašykite didžiąsias raides.

Didesnėžmonijosdalisdažniausiaigeriakarvėspienątačiauyražmoniųkuriemspatinka
irkitųgyvūnųpienaspasakojamakadsenovėježmonėsgerdavoirlokiųleopardžiųvilkiųpieną
įvairiuosekraštuosežmonėsgeriaaviųožkųkumeliųjakiųelniųkupranugariųasiliųpieną
legendospasakojakadsenovėsgraikųgaliūnoHerakliosūnusTelefasmitolaukinėselnėspienu
vyriausiasgraikųdievasDzeusasnuovaikystėsgėrėožkospienąoRomosmiestoįkūrėjus
RomuląirRemąkūdikystėjeišmaitinovilkėirtaipišgelbėjopamestuskūdikiusnuomirtieslabairie
busyrabriedžiųpienasšiaurėsšalysejisgeriamassviežiasbetpriejoreikiaprieiprastigeriausiai
gertiatskiestądaugriebalųirbaltymųturiožkospienasgeriamasdaugelyjekraštųbetdažniausiai
pietųpusrutulyjeegiptiečiaigeriabuivoliųpienąkurisyralabairiebusirjįtaippatreikiaskiesti
šispienasturidaugmineraliniųmedžiagųirvitaminųIspanijojelabaivertinamasaviųpienas
daugelistautųkuriosgyvenadykumosegeriakupranugariųpieną.

26 pratimas. Paklausykite teksto ir nupieškite paveiksliuke, kas kur bus. Lentelėje pažymėkite teisingus teiginius.

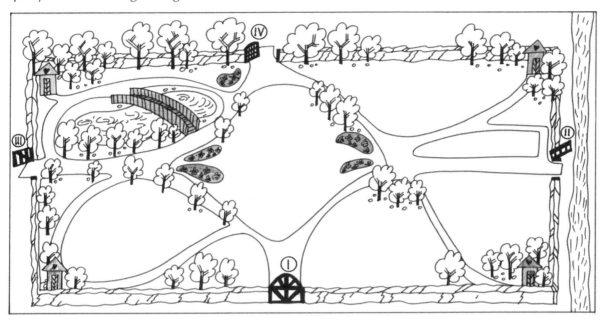

	taip	*ne*
1. Greitai parkas bus rekonstruotas.	. . .	. . .
2. Parke nebuvo ko veikti vaikams.	. . .	. . .
3. Restoranas bus statomas dėl turtingų žmonių norų.	. . .	. . .
4. Vaikų atrakcionai bus pastatyti prie upės.	. . .	. . .
5. Koncertai bus organizuojami tik pagyvenusiems žmonėms.	. . .	. . .
6. Parke bus draudžiama tik šiukšlinti ir triukšmauti.	. . .	. . .

27 pratimas. Apžiūrėkite direktoriaus parodytus parko ženklus. Pasakykite, ko negalima bus daryti parke ir kokia jūsų nuomonė apie tai.

28 pratimas. *Darbas poromis.* Paklausykite teksto ir užpildykite lentelę.

užbaigtas veiksmas	*neužbaigtas veiksmas*
. . . .	. . . .
. . . .	. . . .
. . . .	. . . .
. . . .	. . . .
. . . .	. . . .
. . . .	. . . .
. . . .	. . . .

29 pratimas. Paklausykite ir pasakykite pagal pavyzdį.

1 pavyzdys:	2 pavyzdys:	3 pavyzdys:
Jonas kalba. –	*Muzika tyla. –*	*Mama plauna indus.*
Jonas jau pakalbėjo.	*Muzika nutilo.*	*Ji jau išplovė indus.*

30 pratimas. Pabraukite kirčiuotus skiemenis.

Lyguma, kalnas, kalva, miškas, dangus, saulė, mėnulis, debesis.

Medis, šaka, krūmas, gėlė, grybas, obelis, kriaušė, kaštonas, ąžuolas.

Arklys, karvė, katė, gyvatė, kupranugaris, vilkas, voverė, kiaulė.

Pelėda, gandras, antis, višta, balandis, varna, gaidys, kalakutas.

KETURIOLIKTOJI PAMOKA

1 pratimas. Parinkite, kuri reakcija tinkamiausia.

1. Sveikinu gimtadienio proga.
   a) Nereikėjo taip daryti;
   b) dėkoju už dovanas;
   c) į sveikatą;
   d) nėra už ką.

2. Linksmų Naujųjų metų!
   a) Ir tau taip pat;
   b) ačiū, gerai;
   c) buvo linksma;
   d) o, taip, žinoma.

3. Norėčiau pakviesti tave į vakarėlį.
   a) Žinoma;
   b) nežinau;
   c) puiku;
   d) nieko.

4. Linkiu tau sėkmės darbuose.
   a) Dėkoju;
   b) mielai;
   c) na, ką tu;
   d) nesvarbu.

5. Ar tu visada šventi savo vardo dieną?
   a) Kada;
   b) kažkada;
   c) kada nors;
   d) kartais.

6. Tikiuosi, per šventę neparodysi, kad esi susinervinęs.
   a) Nesijaudink;
   b) kaip nori;
   c) taip būna;
   d) nieko tokio.

2 pratimas.
Pažiūrėkite į paveiksliuką ir parašykite, ką kalba šie veikėjai.

3 pratimas. Perskaitykite šiuos laiškus, nustatykite, kada ir kokia eilės tvarka jie buvo rašyti:

1995 02 27 ....

1995 03 05 ....

1995 03 15 ....

1995 03 18 ....

1995 03 25 ....

Parašykite atsakymą į paskutinį laišką, atsakykite į visus klausimus.

1.

> ### Mieloji Laima,
> šiandien gavau tavo laišką, labai ačiū. Kaip smagu, kad tu nori kartu su manimi pakeliauti vasarą. Ačiū tau, kad rūpiniesi viskuo. Labai laukiu vasaros. Šiai kelionei aš turiu apie mėnesį. Galėčiau atvažiuoti jau nuo birželio vidurio. Ar tau tinka toks laikas? Kada tau baigiasi sesija? Kol tu laikysi egzaminus, aš galėsiu vienas pavaikščioti po Vilnių. Tu žinai, kaip man tai patinka. Vilnius man toks pat brangus ir mielas kaip Milanas.
>
> Ką man reikėtų pasiimti kelionei? Ar atsivežti palapinę, miegmaišį? Ką tau atvežti iš Italijos?
>
> Tiesa, aš labai norėčiau kaip ir prieš 3 metus su tavo draugais kartu švęsti Jonines. Ar tai įmanoma? Man ši šventė paliko didžiulį įspūdį, niekad neužmiršiu tos nakties. Žinau, kad jūs paprastai Jonines švenčiate kartu. Ar pasiimsite mane vėl?
>
> Parašyk, labai laukiu tavo laiško.
>
> Sudie.
> Paolo

2.

> ### Brangioji močiute,
> kaip tu gyveni? Kaip tavo sveikata?
>
> Pas mus viskas gerai. Mama su tėčiu sveiki, tik per daug dirba. Tėtė ir toliau važinėja. Vakar grįžo iš Rygos, o rytoj jau vėl išvažiuoja. Šį kartą į Varšuvą. Kol tėtė kelionėse, mama iki vėliausio vakaro sėdi darbe prie kompiuterio. Aš jai sakau, kad nesveika, bet ji manęs visai neklauso.
>
> Aš jau planuoju vasaros atostogas. Į Lietuvą žada atvažiuoti vienas mano draugas iš Italijos. Jis nori pakeliauti, pamatyti įdomiausias Lietuvos vietas. Mieloji močiute, ar mes su juo galėtume savaitę pagyventi pas tave? Iš Palangos mums būtų labai patogu važinėti po Žemaitiją. Ar pas tave vasarą bus daug svečių?
>
> Jei gali, parašyk kuo greičiau, nes aš noriu atsakyti Paolo dėl vasaros kelionės.
>
> Būk sveika ir žvali.
>
> Linkėjimai nuo mamos ir tėtės.
>
> Bučiuoju!
> Tavo Laima

3.

> ### Mielas Paolo,
> atsiprašau, kad atsakau į tavo laišką nelabai greitai. Aš parašiau laišką savo senelei, kuri gyvena Palangoje. Paklausiau, ar ji priimtų vasarą pagyventi savo name. Iš Palangos nesunkiai galėtume pavažinėti po Žemaitiją. Žinai, vasarą pas močiutę būna daug svečių, nes visiems malonu atostogauti prie jūros. Šiandien gavau močiutės laišką ir iš karto rašau tau.
>
> Žinoma, man būtų labai malonu pakeliauti su tavimi po Lietuvą. Aš jau susitariau su keliais draugais, kad jie priims mus nakvynės Šiauliuose, Druskininkuose ir Utenoje. Taip galėsime apvažiuoti visą Lietuvą. Kiek laiko tu turėsi? Kada jau galėsi atvažiuoti? Tikiuosi, kad bus labai įdomi vasara.
>
> Parašyk greičiau. Laukiu tavo laiško.
>
> Laima

4.

Sveika, Laima,

ačiū tau už laišką, kurį gavau užvakar. Labai džiaugiuosi, kad tau viskas einasi gerai.

Aš gyvenu taip, kaip ir seniau. Daug dirbu, mažai ilsiuosi, bet gyvenimas įdomus. Tiesa, praėjusį savaitgalį buvau užmiestyje pas savo draugą. Jis turi nedidelį namelį kalnuose, tokį pat kaip ir tavo tėvai. Gaila, kad tol, kol aš ten buvau, visą laiką lijo kaip iš kibiro. Mes negalėjome nė nosies iškišti iš namų. Kai jau susiruošiau grįžti namo, nustojo lyti, oras pagerėjo, bet man jau reikėjo išvažiuoti.

Laima, aš šią vasarą norėčiau atvažiuoti atostogų į Lietuvą. Norėčiau pakeliauti, pamatyti gražiausias Lietuvos vietas, bet neturiu labai daug pinigų gyventi brangiuose viešbučiuose. Ar tu nežinai, gal yra kokių pigesnių viešbučių, kempingų, kur galima būtų apsistoti su palapine? Kokias vietas tu siūlytum aplankyti? Gal ir tu norėtum kartu su manim pavažinėti? Koks transportas Lietuvoje pigiausias?

Būk gera, parašyk kaip galima greičiau, nes iki vasaros laiko nelabai daug. Reikia viską gerai suplanuoti.

Iki.
Paolo

5.

Brangioji mano Laimute,

ačiū tau už laišką. Aš gyvenu neblogai, jaučiuosi dabar visai gerai. Pas mane neseniai visą savaitę buvo tavo dėdė Rimas. Tu žinai, kad svečiai man – vienas malonumas. Tau ir tavo draugui pas mane visada atsiras vietos, labai jūsų laukiu. Kada planuojate atvažiuoti? Liepos mėnesį pas mane bus Rimo vaikai, bet jie jums netrukdys, jeigu atvažiuotumėt tuo metu. Vietos užteks visiems.

Labai laukiu tavęs, mano anūkėle. Būk sveika ir parašyk man.

Tavo močiutė

. . . .

. . . .

. . . .

. . . .

. . . .

. . . .

. . . .

. . . .

. . . .

. . . .

. . . .

. . . .

4 pratimas. Surašykite, kas būdinga šioms šventėms, ir papasakokite, kaip jos švenčiamos jūsų šalyje. Kokių dar švenčių būna pas jus?

Kalėdos: _papuošta eglutė, Kalėdų Senis, dovanos._ . . . .

Kūčios: . . . .

Velykos: . . . .

Užgavėnės: . . . .

Vestuvės: . . . .

Krikštynos: . . . .

5 pratimas. Parašykite, kada jūs žmogų galite apibūdinti tokiais žodžiais:

Pavyzdys:
Nusiminęs – žmogus būna nusiminęs, kai jam atsitinka nelaimė.

Įsimylėjęs – . . . .

Nusivylęs – . . . .

Nustebęs – . . . .

Pavargęs – . . . .

Supykęs – . . . .

Susijaudinęs – . . . .

Susinervinęs – . . . .

Užsispyręs – . . . .

Užsisvajojęs – . . . .

Patenkintas – . . . .

6 pratimas. Raskite antonimų poras.

darbštus	šykštus
simpatiškas	nemandagus
patenkintas	kvailas
protingas	pesimistas
rimtas	nedraugiškas
optimistas	tingus
draugiškas	nemalonus
mandagus	linksmas
dosnus	nepatenkintas

7 pratimas. Aprašykite savo draugo išvaizdą ir charakterį, bet neminėkite vardo.
Tegul draugai pasako, apie ką jūs rašėte.

Pavyzdys:
Jis yra labai simpatiškas žmogus. Visada linksmas, energingas, darbštus. Niekada nebūna susinervinęs arba supykęs. Šiuo metu jis įsimylėjęs ...

. . . .

. . . .

. . . .

. . . .

. . . .

. . . .

. . . .

8 pratimas. Parašykite, iš kokių žodžių sudaryti šie būdvardžiai, ir suraskite jiems poras.

Stiklas	stiklinė	vaikinas
....	metalinis	kremas
....	šokoladinis	gėlė
....	kišeninis	traukiniai
....	keleiviniai	vaza
....	auksinė	autobusas
....	pirštuotos	vieta
....	lietingas	sijonas
....	taškuota	tiltas
....	sultingas	laikrodis
....	kambarinė	moneta
....	priemiestinis	gatvės
....	kalnuota	obuolys
....	protingas	pirštinės
....	languotas	oras
....	triukšmingos	suknelė

9 pratimas. Iš pratimo pasirinkite penkias žodžių poras ir sugalvokite po sakinį.

Pavyzdys:
Languotas sijonas. – Mano mama pirko languotą sijoną.

1. ....
2. ....
3. ....
4. ....
5. ....

10 pratimas. Prie kiekvieno žodžio parinkite daugiau tinkančių pagal prasmę.

vasarinis	*medinis*	*gelsvas*	*turtinga*
sijonas	namas	popierius	marti
....	....	....	....
....	....	....	....
....	....	....	....

laiminga	*vaikiškas*	*gelėta*	*dryžuotas*
mama	žaidimas	skarelė	kaklaraištis
....	....	....	....
....	....	....	....
....	....	....	....

11 pratimas. Baikite sakinius.

1. Kol mama virė valgyti, jis ....

2. Kai atėjo pavasaris, mes ....

3. Tada, kai aš mokiausi ....

4. Kol nelyja, reikia ....

5. Paskui, kai jie išėjo, ...

6. Mes šokome tol, kol ....

7. Kur tu buvai paskui, kai ....

8. Kol snigo sniegas, ...

9. Kai pavargstu, ...

10. Tol, kol visi miegojo, ...

11. Vieną naktį, kada viskas nurimo, atsidarė ....

12. Kol būsi kelionėje, ...

13. Sėdėjome ten, kol ....

14. Grįžai po to, kai ....

12 pratimas. Baikite rašyti sakinius.

Senas katinas atsigulė ant grindų prie pelių namų durų. Jis puikiai žinojo, kad pelių šeima
neapsidžiaugs, kai ....
Bet katinas nusprendė gulėti prie šių durų tol, kol ....
Jis taip ir padarė. Kai .... ,
visa jų šeima pradėjo gailiai verkti. Bet kol ....
verkė, tėvas peliukas galvojo. Galvojo jis ilgai – apie valandą. Ir staiga – idėja! Kai ....
.... , senis katinas ramiai snaudė. Susijaudinęs didelės
pelių šeimos tėvas garsiai sušuko: „Au! Au! Au!" Kai katinas.........................
.... , ...
Paskui, kai..................................... , šeima džiaugėsi, kad tėvas toks protingas.
Tada, kai....................................... , laimingas tėvas pamokė: „Vaikai, stropiai
mokykitės užsienio kalbų, nes niekada nežinai, kada jų gali prireikti."

13 pratimas. Parašykite sakinių porų, kurių vienas sakinys pasakytų, kad du darbai daromi vienu laiku, o kitas – kad skirtingu.

Pavyzdys:
1. Kol verduosi kavą, visada skaitau laikraštį.   *Kai kava išverda, skaitau laikraštį.*

2. . . . .
3. . . . .
4. . . . .
5. . . . .
6. . . . .
7. . . . .
8. . . . .

14 pratimas. Atsakykite į klausimus pagal pavyzdį.

Pavyzdys:
Kada tu atvažiuosi? – Apie antrą valandą.

1. Kada tau baigsis pamokos? – . . . .
2. Kada mama grįš iš darbo? – . . . .
3. Kada man paskambinsi? – . . . .
4. Kiek laiko rašei šį laišką? – . . . .
5. Kada išvyksta autobusas į Palangą? – Tiksliai nežinau, bet atrodo, ...
6. Kiek laiko rašei tą referatą? – . . . .
7. Kada žadi pareiti namo šį vakarą? – . . . .
8. Kiek laiko tavo brolis bus Vokietijoje? – . . . .
9. Kiek laiko jūs pažįstami? – . . . .
10. Kada prasideda filmas? – . . . .

15 pratimas. Parašykite klausimus.

Pavyzdys:
A: Kokia dabar tavo mašina?
B: Tokia pat kaip ir tavo.

1. A: . . . .
   B: Tiek pat, kiek ir Jonas.

2. A: . . . .
   B: Toks pat kaip brolio.

3. A: . . . .
   B: Taip pat, kaip pernai.

4. A: . . . .
   B: Tiek pat, kiek tavo tėvui.

5. A: . . . .
   B: Toks pat kaip vakar.

6. A: . . . .
   B: Tiek pat, kiek aną savaitę.

7. A: . . . .
   B: Taip pat.

8. A: . . . .
   B: Tokia pat kaip mano sesės.

16 pratimas. Parinkite ir įrašykite tinkamus žodžius:

Toks pat kaip; tokia pat kaip; tiek pat, kiek × 4; tokį pat kaip; taip pat, kaip × 3; tokie pat kaip; taip pat; tokių pat; tokias pat kaip.

1. Čia už kavą reikia mokėti . . . . ir už arbatą.

2. Suomijoje auga . . . . medžiai . . . . ir Lietuvoje.

3. Mano senelis . . . . senas . . . . ir tavo.

4. Kiek sumokėjai už megztinį? . . . . ir už palaidinę.

5. Ar šiandien . . . . šalta, ... vakar?

6. Tavo sesuo ne . . . . tamsi . . . . tu.

7. Kodėl dvyniai visada rengiasi . . . . ?

8. Mačiau šiandien . . . . rankinuką, ... tu turi.

9. Profesoriai uždirba ne . . . . bankininkai.

10. Niekur neradau . . . . auskarų, ... tu turi.

11. Aš nemoku žaisti teniso . . . . gerai, ... mano brolis.

12. Visiems reikia nusipirkti . . . . knygas . . . . ši.

13. Žinoma, Afrikoje žmonės rengiasi ne . . . . čia, nes ten daug šilčiau.

14. Ar iki Kauno reikia važiuoti . . . . laiko, ... iki Drùskininkų?

17 pratimas. Užpildykite lentelę, kur kokiu tikslu galima eiti ar važiuoti?

Kur?	Kokiu tikslu?
į kavinę	*kavos*
	pasivaikščioti
į ledainę	
	paklausyti muzikos
pas draugą	
	atostogų
į teatrą	
	pažiūrėti paveikslų
į biblioteką	
	pašokti
į barą	
	duonos ir pieno
pas močiutę	
	pailsėti
	išgerti alaus
pas kolegą	

18 pratimas. Sudarykite sakinius. Parašykite tris panašius savo sakinius.

1. Tą knygą skaitau tam, ...
2. Paskambinau tau, ...
3. Į Klaĩpėdą labai skubėjome, ...
4. Tikrai ateisiu vakare, ...
5. Nesakau, kad viską padariau, ...
6. Norėčiau išvažiuoti prie jūros, ...
7. Žmogui galva duota tam, ...

A. kad galvotų.
B. kad suspėtume į keltą, kuris plaukė į Vokietiją.
C. kad pailsėčiau grynáme ore.
D. kad mūsų santykiai vėl būtų geri.
E. kad daugiau sužinočiau apie Afriką.
F. kad paragaučiau tavo obuolių pyrago.
G. kad pasakyčiau, kada rašysime testą.

. . . .

. . . .

. . . .

19 pratimas. Baikite sakinius pagal pavyzdį.

Pavyzdys:
Aš užeisiu pas tave. – Aš užeisiu pas tave, kad atiduočiau tavo knygą.

1. Pirksiu puokštę rožių, kad . . . .

2. Šį vakarą eisiu į teatrą, kad . . . .

3. Susitiksiu su šiuo profesoriumi, kad . . . .

4. Tėvas parašys į laikraštį straipsnį, kad . . . .

5. Perskaitysiu šią sensacingą knygą, kad . . . .

6. Dabar mielai klausyčiausi muzikos, kad . . . .

7. Šį vakarą organizuoju vakarėlį, kad . . . .

8. Šiandien eisiu miegoti anksti, kad . . . .

20 pratimas. Išplėstais sakiniais atsakykite į klausimus.

Pavyzdys:
Kokie orai jūsų šalyje būna vasarą? – Pas mus būna labai karšta.

1. Ar pas jus žiemą būna sniego? – . . . .

2. Ar būna labai lietinga rudenį? – . . . .

3. Ar laisvalaikiu jūs dažnai būnate miške? – . . . .

4. Ar tu kada nors būni piktas? – . . . .

5. Ar būna dienų, kai esi liūdnas ir nežinai kodėl? –
. . . .

6. Ar jūsų parduotuvėje būna tortų? – . . . .

7. Ar tu nežinai, kur mieste būna linksmiausios diskotekos? – . . . .
. . . .

8. Ar tu būni užsiėmęs vakarais? – . . . .

9. Tiek daug dirbate, o visada esate linksmi. Ar jūs būnate kada nors pavargę? – . . . .
. . . .

21 pratimas. Iš šių žodžių sudarykite sakinius.

1. Pavargęs, būnu, vakarais, labai, aš. – ....
2. Būni, kartais, per, piktas, daug, tu. – ....
3. Šioje, būna, labai, parduotuvėje, obuolių, skanių. – ....
4. Mano, kartais, sunkių, būna, gyvenime, valandų. – ....
5. Paprastai, savaitgaliais, kur, tu, būni? – ....
6. Mano, dažnai, būna, įsimylėjęs, brolis. – ....
7. Namie, paprastai, šeštadieniais, būname. – ....
8. Po, būni, kada, namie, darbo? – ....

22 pratimas. Parašykite patarimus pagal pavyzdį. Naudokitės veiksmažodžiais: nervinasi, nusimena, pailsi, jaudinasi, nusivilia, stebisi, pyksta.

Pavyzdys:
A: Brolis labai susinervinęs dėl egzamino.
B: Tegul nesinervina. Girdėjau, kad tas egzaminas nėra labai sunkus.

1. A: Mano draugas labai nusiminęs, nes, atrodo, beviltiškai įsimylėjęs.
   B: ....
2. A: Petras visą mėnesį turėjo daug darbo. Jis toks pavargęs, kad net gaila žmogaus.
   B: ....
3. A: Dalius labai susijaudinęs, kad galbūt per prastai pasiruošė seminarui.
   B: ....
4. A: Aušra nusivylusi savimi, nes jos darbas nebuvo įvertintas puikiai.
   B: ....
5. A: Lina nustebusi, kad jai pasiūlė studijuoti Oksforde.
   B: ....
6. A: Tavo tėvai labai supykę, kad nerašai laiškų.
   B: ....

23 pratimas. Pasakykite savo nuomonę, kas turi padaryti šiuos darbus.

Pavyzdys:
Nėra pieno. (brolis) – Tegu brolis nueina ir nuperka du litrus.

1. Reikia parašyti laišką profesoriui. (*Artūras*) – ....
2. Reikia nuvažiuoti pas senelius. (*Robertas*) – ....
3. Reikia paruošti pietus. (*Dukra*) – ....
4. Reikia padėti Linai. (*Gintaras*) – ....
5. Reikia nueiti į susirinkimą. (*Tavo vyras*) – ....
6. Reikia nuplauti mašiną. (*Sūnūs*) – ....
7. Reikia sutvarkyti namus. (*Vaikai*) – ....
8. Reikia palaistyti gėles. (*Rita*) – ....

24 pratimas. Klausydami nupieškite.

Šiandien Jurgos gimtadienis. Ji laukia daug svečių.

25 pratimas. Ar jūs žinote, kada buvo parašyta pirmoji knyga jūsų gimtąja kalba? Kas jos autorius? Kokia tai knyga?

Perskaitykite tekstą apie pirmosios lietuviškos knygos autorių. Pažiūrėkite į biografijos duomenis ir į tekstą įrašykite žodžius, kurių trūksta.

MARTYNAS MAŽVYDAS	
gimimo metai	apie 1510 m.
gimimo vieta	Žemaitija
Karaliaučiaus universitetas	1546–1548 m.
Pirmoji lietuviška knyga	„Katekizmo prasti žodžiai" 1547 m., Karaliaučius
Ragainės kunigas	nuo 1549 m.
mirė	1563 m.

Martynas Mažvydas – pirmosios lietuviškos . . . . autorius. Tiksliai yra nežinoma, kur ir kada M. Mažvydas gimė. Tačiau yra manoma, kad jis yra iš . . . . , o gimė 1510 . . . .

Pirmoji lietuviška knyga vadinasi . . . .

Ji . . . . išleista . . . . metais . . . . mieste. Tuo metu, kai pasirodė ši . . . ., Martynas Mažvydas dar . . . . Karaliáučiaus . . . . Į šį universitetą jis įstojo . . . . metais, o . . . . metais jį baigė bakalauro laipsniu. Vėliau daug metų jis dirbo . . . . miestelyje.

Martynas Mažvydas buvo . . . .

Pirmosios lietuviškos knygos autorius . . . . 1563 . . . .

26 pratimas. Paklausykite ir pasakykite pagal pavyzdį.

Pavyzdys:
Jonas, rašyti. – Tegul Jonas rašo.

27 pratimas. Paklausykite ir trumpai atsakykite neigiamai.

Pavyzdys:
Ar tavo mašina tokia pat kaip mano? – Ne, ne tokia pat.

28 pratimas. Pabraukite kirčiuotus skiemenis.

Ištroškęs, įsimylėjusi, nusiminęs, susinervinusi, supykęs, pavargusi, užsisvajojęs, nustebęs; energingas, dosnus, nemandagus, protinga, kvaila, draugiškas, malonus, optimistas; svečias, viešnia, svečiai, eiti į svečius, švęsti, vakarėlis, gimtadienis, šventė, dovana; Kalėdos, Kūčios, Velykos, Užgavėnės, Vėlinės, Joninės, vestuvės, krikštynos.

PENKIOLIKTOJI PAMOKA

Bendravimas

1 pratimas. *Temos ir klausimai pokalbiams.* Pasakykite savo nuomonę tokiais klausimais:

Darbas žmogaus gyvenime

1. Ar svarbu žmogui dirbti mėgstamą darbą?
2. Ką ir kur tu dirbi? Ar esi patenkintas?
3. Ką labiausiai vertini darbe: patį darbą, karjerą, algą ar kt.? Kodėl taip manai?
4. Kokių patarimų duotum jaunam savo draugui, kuris nežino, kokią profesiją pasirinkti?

Ekologija

1. Kokia ekologinė situacija jūsų krašte?
2. Ar aktyvi „Žaliųjų" organizacija? Kuo ji užsiima?
3. Koks žmogus gali save vadinti „žaliuoju"? Ar būtinai jis turi priklausyti šiai organizacijai?
4. Ar tu laikai save „žaliuoju"? Kodėl?

Sveikatos apsauga

1. Kokia sveikatos apsaugos sistema jūsų šalyje?
2. Ar esate ja patenkinti? Kodėl?
3. Ar mediko profesija yra prestižinė? Kodėl?
4. Ar žmonės visiškai pasitiki gydytojais ir vaistais?

Šventės

1. Kokios šventės populiarios tavo krašte? Kaip jos švenčiamos?
2. Kokias šventes laikai svarbiausiomis savo gyvenime?
3. Kokia šventė, apie kurią skaitei, kurią kada nors matei ar joje dalyvavai, paliko tau didžiausią įspūdį?

2 pratimas. Parašykite patarimus.

1. A: Jau visą mėnesį vakarais jaučiuosi labai pavargęs, negaliu užmigti. Nežinau, ką daryti.

   B: . . . .

2. A: Nauja pažįstama pakvietė mane į savo gimtadienį. Kaip man pasielgti?

   B: . . . .

3. A: Man pasiūlė stoti į „Žaliųjų" organizaciją. Ką tu pasakytum?

   B: . . . .

4. A: Vaikai labai nori turėti šuniuką. Bet mano vyras prieš. Aš pati nežinau, kaip elgtis.

   B: . . . .

5. A: Labai mėgstu savo darbą, galvojau visą gyvenimą jį dirbti. Bet dabar man pasiūlė geresnę algą kitur. Ką daryti?

   B: . . . .

6. A: Esu be galo įsimylėjęs. Bet nežinau, kaip pasakyti jai.

   B: . . . .

7. A: Artėja mano gimtadienis. Norėčiau, kad jis būtų įspūdingas. Tik nežinau, kur švęsti.

   B: . . . .

3 pratimas. Pažiūrėkite į paveiksliukus ir parašykite, ką galėtų kalbėti šie žmonės.

. . . .
. . . .
. . . .
. . . .
. . . .
. . . .
. . . .
. . . .
. . . .
. . . .
. . . .
. . . .
. . . .
. . . .
. . . .
. . . .
. . . .
. . . .

4 pratimas. Sudarykite kuo daugiau sakinių. Papasakokite situacijas, kuriose jie tiktų.

		sūnus neišlaikys egzamino.
		taip atsitiko.
		darbas bus atliktas laiku.
Bijau,		tu neteisus.
Tikiuosi,	nes	aš negalėsiu atvykti.
Negalima,	kad	tai kenkia sveikatai.
Gaila,	bet	viskas bus gerai.
Nereikia jaudintis,		dėl tokių smulkmenų.
		jis suprato, ką norėjau pasakyti.
		tu tikrai sergi.

5 pratimas. Raskite poras. Pratęskite pokalbius.

Pavyzdys:

Nori pasakyti, kad jie nebedraugauja? ———— *Taip, susipyko prieš mėnesį.*
Negaliu patikėti. *Ir aš iš pradžių netikėjau.*

A. Ar tikrai tu išvažiuoji studijuoti į Sorboną?

. . . .

B. Jonas be reikalo pakeitė darbą.

. . . .

C. Saugok sveikatą.

. . . .

D. Nuo kada esi vegetaras?

. . . .

E. Kaip mamos sveikata?

. . . .

F. Ar tiesa, kad artėja profesoriaus jubiliejus?

. . . .

G. Įsivaizduoji, loterijoje laimėjau kelionę.

. . . .

H. Ar šiandien vakare esi labai užsiėmęs?

. . . .

I. Atrodai labai pavargęs.

. . . .

1. Taip, reikės nusipirkti vitaminų.

. . . .

2. Ačiū, neblogai.

. . . .

3. Taip, šiandien buvo daug darbo.

. . . .

4. Kur važiuosi?

. . . .

5. Taip, nuo rudens.

. . . .

6. Nuo tada, kai tapau „žaliasis".

. . . .

7. Taip, iki septynių.

. . . .

8. Taip manai? Bet jis laimingas.

. . . .

9. Girdėjau ir aš, bet tiksliai nežinau kada.

. . . .

6 pratimas. Įrašykite žodžius, kurių trūksta.

1. Ar . . . . man . . . . ? – Taip, kažkas skambino.

2. Ar . . . . išvažiuosi . . . . ? – Taip, tikrai rytoj.

3. Ar . . . . , kad tu . . . . teisus? – Taip, manau.

4. Gal . . . . , ... autobusas važiuoja į Saulėtekį? – Žinau, penktas.

5. . . . . metų laikas tau labiausiai . . . . ? – Vasara.

6. Ar turi . . . . naujienų? – Ne, jokių.

7. Gal . . . . galėtų . . . . padėti? – Aš tau padėsiu.

8. Gal . . . . matei mano knygą? – Ne, niekur nemačiau.

9. . . . . mieste dabar gyvena Liudas? – Alytuje.

10. . . . . metais . . . . įkurtas Vilnius? – 1323.

Žodynas

7 pratimas. Parašykite, kas tai yra.

Pavyzdys:
Kalėdos – tai šventė gruodžio mėnesį. Tada yra dovanojamos dovanos, vaikai puošia eglutę ...

Vestuvės – ....

Vakarėlis – ....

Kolega – ....

Viršininkas – ....

Darbovietė – ....

Alga – ....

Liga – ....

Sloga – ....

Peizažas – ....

Kupranugaris – ....

8 pratimas. Įrašykite priešingos reikšmės žodį paryškintam žodžiui.

Pavyzdys:
Jis jau ne ligonis. Jis seniai sveikas.

1. Brolis šiandien neatrodo *linksmas*. – Taip, jis net labai ....

2. Niekada nebūk *šykštus*. – Visada būk ....

3. Mano draugas tikrai nėra *pesimistas*. Jis – ....

4. Ar šiandien tu toks pat *energingas* kaip vakar? – Ne, šiandien aš visai ....

5. Tas naujas kolega man atrodo *nemalonus*. – O man atvirkščiai – ....

6. Tu *susijaudinęs?* – Ne, dabar jau aš ....

7. Man atrodo, kad Petras – *tingus* žmogus. – Taip, jis nėra ....

8. Tu atrodai *pavargęs*. – Aš ir nesu gerai ....

9 pratimas. Jūs manote, kad draugas susirgo. Parašykite, kokie simptomai tai rodo. Patarkite, ką jam reikia daryti.

Manau, kad tu sergi gripu, nes ....

....

....

Tau reikia ....

....

....

10 pratimas. Išbraukite žodžius, kurie netinka. Paaiškinkite kodėl.

Arklys, karvė, avis, meška.

Rožė, tulpė, žolė, ramunė.

Vilkas, lapė, meška, uodas.

Gaidys, žvirblis, balandis, gegutė.

Medis, ąžuolas, beržas, klevas.

Ežeras, banga, jūra, upė.

11 pratimas. Pavadinkite vienu žodžiu:

1. Žmogus, kuris dirba kartu su manimi viename darbe – . . . .

2. Pinigai, kuriuos gaunu už darbą – . . . .

3. Vieta, kur yra dirbama – . . . .

4. Žmogus, kuris serga – . . . .

5. Moteris, kuri padeda gydytojui gydyti žmones – . . . .

6. Vieta, kur perkame vaistus – . . . .

7. Vieta, kur gydomi ligoniai – . . . .

8. Šventė, per kurią dažomi kiaušiniai – . . . .

9. Šventė, per kurią puošiame eglutę – . . . .

10. Šventė, per kurią sveikiname draugus, kai jie pasensta dar metais – . . . .

11. Gyvūnas, kuris saugo namus – . . . .

Skaitymas

12 pratimas. Skaitydami tekstą, parinkite ir įrašykite tinkamus žodžius:

Ar žinote, kad ...

... gyvatės neturi kojų, bet . . . . dėl jų
organizmo išskiriamo glitaus skysčio;

bėga, juda, neša, eina

... žiurkių pora per trejus metus gali . . . .
500 000 000 palikuonių;

siųsti, gauti, palikti, imti

... rykliai sugedusius dantis „pameta" ir jiems
. . . . nauji;

išauga, skauda, yra, atranda

... „plačiausią" . . . . turi delfinas;
jo burnoje yra per 100 dantų;

nosį, kūną, eiseną, šypseną

... gyvatės savo . . . . keičia kelis
kartus per metus;

kailį, odą, kiaušinius, vaikus

... bitės per minutę mojuoja . . . .
daugiau kaip 11 400 kartų, vapsvos – 6600,
o drugeliai 540 kartų;

*uodega, ūsais, sparneliais,
blakstienomis*

... bitės yra oro barometrai; artėjant audrai jos meta visus
darbus ir . . . . į avilius ar dreves;

skuba, eina, bėga, šliaužia

... triukšmingiausias pasaulyje . . . .
yra musė.

*gyvulys, žvėris, vabzdys,
daiktas*

13 pratimas. Perskaitykite tekstą. Pažymėkite teisingus teiginius.

Vaistai nuo vienatvės

Ar žinote, kad dabar beveik 40 procentų šeimų augina namuose kokį nors gyvūną. Dažniausiai tai yra šuo arba katė, bet neretai ir papūgėlė arba žuvytės. Nors ir keista, bet gyvūnai padeda šeimininkams išsaugoti savo sveikatą. Pavyzdžiui, jei turite šunį, tai kiekvieną dieną būnate lauke. Be to, galima manyti, kad jūs normaliai valgote, nes gaminate šiltą maistą savo draugui ir galbūt ką nors šilto sau. Be to, gyvūnai – puiki pokalbio tema vakarėliuose. Galima sakyti, kad gyvūnai padeda negalvoti apie vienatvę. Kai žmogus vedžioja savo šunį lauke, neretai susipažįsta su kitais gyvūnų šeimininkais. Taip prasideda naujos draugystės. Specialistai mano, kad tiems, kurie turi namuose šunį, rečiau skauda galvą ir nugarą, jie rečiau serga širdies ligomis ir gripu.

	taip	*ne*
1. 40 procentų žmonių namie turi šunį.	. . .	. . .
2. Autorius šiek tiek nustebęs, kad gyvūnai saugo šeimininkų sveikatą.	. . .	. . .
3. Žuvys namie laikomos gana dažnai.	. . .	. . .
4. Apie gyvūnus mielai kalbamasi svečiuose.	. . .	. . .
5. Kai žmogus eina pasivaikščioti su šunimi, visada susipažįsta su naujais draugais.	. . .	. . .
6. Gydytojai mano, kad žmonės, kurie augina šunis, ne taip dažnai serga.	. . .	. . .

Rašymas

14 pratimas. Perskaitėte žurnale straipsnelį „Vaistai nuo vienatvės". Jūs, žinoma, turite savo nuomonę apie gyvūnų auginimą namuose. Parašykite į žurnalą trumpą laišką (apie 100 žodžių) ir jame išdėstykite savo nuomonę.

. . . .

. . . .

. . . .

. . . .

. . . .

. . . .

15 pratimas. Aprašykite įprastą savo darbo dieną. Ką jūs veikiate nuo ryto iki vakaro?

. . . .

. . . .

. . . .

. . . .

. . . .

. . . .

Klausymas

16 pratimas. Pažiūrėkite į paveikslėlius ir paklausykite pokalbių. Pažymėkite, kuris dialogas kurių žmonių.

....

....

....

....

....

....

17 pratimas. Paklausykite teksto ir atsakykite, taip ar ne.

	taip	ne
1. Petras sako Laimai komplimentą.	...	...
2. Laima keliavo per lygumą.	...	...
3. Ten buvo pavojingų gyvūnų.	...	...
4. Kalnuose žydėjo daug gėlių.	...	...
5. Petras gulėjo ligoninėje.	...	...
6. Petras gydėsi tik vaistažolėmis.	...	...
7. Jis blogai jaučiasi.	...	...
8. Petras dirba už savo viršininką.	...	...
9. Petro viršininkas atostogauja Švedijoje.	...	...

Dabar paklausykite teksto dar kartą ir užsirašykite, kokius gyvūnus matė Laima.

....
....
....

Gramatika

18 pratimas. Užpildykite lentelę.

dabar	vakar	rytoj	ką daryti?
prausiuosi	prausiausi	prausiuosi	praustis
	džiaugeisi		
		kirpsis	
	kalbėjotės		
šukuojiesi			
	ilsėjomės		
		mokysiesi	
	bariausi		
šypsotės			
		rengsimės	
valaisi			

19 pratimas. Išrinkite ir įrašykite tinkamą formą.

1. Vakar aš (*maudžiausi, maudeisi, maudėsi*) . . . . jūroje.
2. Šiandien visą dieną mano kaimynai (*baratės, barasi, baramės*) . . . .
3. Ar tu rytoj (*ausis, ausiuosi, ausiesi*) . . . . naujus batus?
4. Jei būtų tikrai šalta, aš (*rengčiausi, rengtumeisi, rengtųsi*) . . . . šilčiau.
5. Jonai, (*aukis, aukimės, aukitės*) . . . . šlepetes.
6. Jei nebūtum pavargęs, (*mokytumės, mokytutės, mokytumeisi*) . . . .
7. Vakar mes (*klausėmės, klausėtės, klausėsi*) . . . . puikaus koncerto.
8. Ar jūs į vakarėlį (*vešis, vešiesi, vešitės*) . . . . ir vaikus?
9. Aš dabar (*ruošiuosi, ruošiasi, ruošiesi*) . . . . mokytis.
10. Šią vasarą mes (*ilsėsiuosi, ilsėsimės, ilsėsitės*) . . . . pajūryje.

20 pratimas. Paklauskite, ar jau padaryta.

Pavyzdys:
> A: *Nusiprausei?*
> B: *Ne, einu praustis.*

1. A: . . . .
   B: Tuoj rengsiuosi.

2. A: . . . .
   B: Ne, tuojau maudysiuosi.

3. A: . . . .
   B: Jis jau eina autis.

4. A: . . . .
   B: Ne, dabar rišasi.

5. A: . . . .
   B: Ne, dabar šukuojuosi.

6. A: . . . .
   B: Ne, po valandos kalbėsimės.

7. A: . . . .
   B: Ne, bet dabar einu virtis.

8. A: . . . .
   B: Ne, dabar eisiu valytis.

21 pratimas. Pakeiskite sakinius pagal pavyzdį.

Pavyzdys:
Tą namą stato mano tėvas. – Tas namas yra statomas mano tėvo.

1. Šį paveikslą nupiešė mano brolis. – . . . .

2. Tą įdomią knygą parašė vienas mano draugas. – . . . .

3. Šį parką pasodino mokiniai. – . . . .

4. Langą sudaužė berniukai. – . . . .

5. Tą knygą visi skaito. – . . . .

6. Draugams mielai dovanoja knygas. – . . . .

7. Šiemet ūkininkai išaugino daug daržovių. – . . . .

8. Šią mokyklą įkūrė prieš 50 metų. – . . . .

9. Tą namą parduoda. – . . . .

22 pratimas. Išrinkite ir įrašykite tinkamą žodžio formą.

Kelintą, kelintame, kokios, kelintą, kuria, kelintais, kuriame, ko, koks, kuriam.

1. gražus šiandien oras!

2. dovanos norėtum gimtadienio proga?

3. savo draugui pasakytum didžiausią savo paslaptį?

4. šios knygos puslapį dabar skaitai?

5. metais tu baigei mokyklą?

6. Parodyk, su . . . . mergina iš tų dviejų vakar susipažinai.

7. tu klausei?

8. kurse dabar tavo sesuo?

9. kartą tu buvai Paryžiuje?

10. . . . . name gyvena Jonas – penkių ar devynių aukštų?

23 pratimas. Atsakykite į klausimus.

Pavyzdys:
Dėl ko važiavai pas Jolitą? – Kad atsiimčiau knygą.

1. Ko skambinai Kęstučiui? – . . . .

2. Kodėl važiuosi į centrą? – . . . .

3. Kodėl dieną ėjai miegoti? – . . . .

4. Ko važiuosite į kaimą? – . . . .

5. Kodėl skaitai šią knygą? – . . . .

6. Kodėl rašai mamai raštelį? – . . . .

24 pratimas. Sujunkite sakinius į vieną.

Pavyzdys:
Mergaitė sėdėjo ant suolo. Ji skaitė. – Mergaitė, kuri sėdėjo ant suolo, skaitė.

1. Vaikas negavo ledų. Jis labai verkė.

. . . .

2. Moteris kalbėjosi su drauge. Ant rankų draugė laikė kūdikį.

. . . .

3. Nupirkau draugui dovaną. Jis šiandien švenčia savo gimtadienį.

. . . .

4. Šį rytą sutikau seną savo draugę. Jos nemačiau jau pusę metų.

. . . .

5. Jis važiuoja pas gimines. Juos nori pakviesti į savo vestuves.

. . . .

6. Einu į parduotuvę. Ją tik vakar atidarė.

. . . .

7. Siūlau nuvažiuoti į Europos centrą. Jis yra tik už 26 kilometrų.

. . . .

8. Tas žmogus yra garsus aktorius. Jis dabar eina per gatvę.

. . . .

9. Šeštadienį ruošiu šventę. Į ją noriu pakviesti visus savo draugus.

. . . .

10. Noriu turėti šuniuką. Bet noriu, kad jis nebūtų didelis.

. . . .

25 pratimas. Parašykite sakinių su šiais žodžiais:

1. Kai . . . .

2. Paskui, kai . . . .

3. . . . . ten, iš kur . . . .

4. . . . . tada, kai . . . .

5. Prieš tai, kai . . . .

6. . . . . taip, kaip . . . .

7. . . . . , kai . . . .

8. Kol . . . . , tol . . . .

9. . . . . ten, kur . . . .

10. Tada, kai . . . .

11 . . . . tol, kol . . . .

12 . . . . toks pat kaip . . . .

26 pratimas. Parašykite pagal pavyzdį.

Pavyzdys:
Nors ir labai neturėsiu laiko, tikrai tau paskambinsiu.

1. . . . . , į tavo vestuves tikrai atvažiuosiu.

2. . . . . , vis tiek nusipirksiu šuniuką.

3. . . . . , vyksiu šią vasarą į Italiją.

4. . . . . , parašysiu tau laišką.

5. . . . . , nueisiu į tą modernios tapybos parodą.

27 pratimas. Pabandykite surasti poras:

1. Tupi	A. žmogus – kur geriau.
2. Lyja	B. kaip kiškis lapo.
3. Bijai vilko,	C. savo kieme drąsus.
4. Tyli	D. kaip pelė po šluota.
5. Pasišiaušęs	E. neik į mišką.
6. Žuvis ieško – kur giliau,	F. kaip iš kibiro.
7. Ir gaidys	G. kaip žuvis.
8. Bijo	H. kaip ežys.

Tarimas

28 pratimas. Pabraukite kirčiuotus skiemenis.

Ligonis, liga, sveikas, sveikata, sirgti, temperatūra, termometras;

poliklinika, ligoninė, gydytojas, seselė, sloga, kosulys, angina, gripas;

bendradarbis, bedarbis, viršininkas, kolega, kolegė, kompiuteris;

tušinukas, pieštukas, bloknotas, klijai, sąvaržėlė, kabinetas, alga;

kalnas, kalva, ežeras, upė, jūra, žemė, mėnulis, saulė, debesis;

vėjas, žvaigždė, miškas, ąžuolas, ramunė, rožė, gėlė, krūmas;

karvė, katė, lapė, arklys, briedis, kiškis, meška, voverė, kupranugaris;

balandis, gaidys, antis, žąsis, žvirblis, višta, varna, pelėda, žuvėdra.

29 pratimas. Paklausykite dainos ir įrašykite praleistus žodžius:

Varlė

Aš . . . .,   2k.

tiek . . . ., tiek . . . .   2k.

Nors ta baimė . . . .,

bet . . . . Ne ne.

Nebraidau basom po rasą.

 . . . ., už drąsą

galit dvejetą . . . .,

bet . . . . Ne ne.

Nors . . . . aš drebu,   2k.

šiaip jau . . . .   2k.

Į . . . ., aš matau,

kad . . . . turi. 2k.

Oho.

 . . . .

Čiumpa vabalą už kinkos,

ir prarijus tą kenkėją

žemės ūkį pakylėja.   2k.

Gal ir pakylės, gal ne, 2k.

bet . . . .

Būtų . . . . – mane

patį . . . . prarytų,

patį . . . . – niam niam.

Aš . . . .,   2k.

tiek . . . ., tiek . . . .   2k.

Nors ta baimė . . . .,

bet . . . . Ne ne.

 . . . . ?

Ž. J. Erlicko,
muz. G. Storpirščio,
dainuoja G. ir A. Storpirščiai.